Pe. ANTÔNIO SCHNEIDER, C.Ss.R.

NOSSA SENHORA DO PERPÉTUO SOCORRO
História, culto e devoção

EDITORA
SANTUÁRIO

Direção Editorial:	Pe. Fábio Evaristo R. Silva, C.Ss.R.
Conselho Editorial:	Ferdinando Mancilio, C.Ss.R.
	Marlos Aurélio, C.Ss.R.
	Mauro Vilela, C.Ss.R.
	Ronaldo S. de Pádua, C.Ss.R.
	Victor Hugo Lapenta, C.Ss.R.
Coordenação Editorial:	Ana Lúcia de Castro Leite
Diagramação e Capa:	Tiago Mariano da Conceição

Dados Internacionais de Catalogação na Publicação (CIP)
(Câmara Brasileira do Livro, SP, Brasil)

Schneider, Antônio, 1915-1999
    Nossa Senhora do Perpétuo Socorro / Antônio Schneider. Aparecida, SP: Editora Santuário, 1991.

   Bibliografia.
   ISBN 85-7200-045-3
   1. Nossa Senhora do Perpétuo Socorro I. Título.

91-0444   CDD-232.91

Índices para catálogo sistemático:

1. Nossa Senhora do Perpétuo Socorro:
   Culto: Cristianismo 232.91

18ª impressão

Todos os direitos reservados à **EDITORA SANTUÁRIO** – 2025

Rua Pe. Claro Monteiro, 342 – 12570-045 – Aparecida-SP
Tel.: 12 3104-2000 – Televendas: 0800 - 016 00 04
www.editorasantuario.com.br
vendas@editorasantuario.com.br

"Vai, pois, meu pequeno livro,
ensina todos a amar ainda mais a boa Mãe do céu
sob este título tão querido: Mãe do Perpétuo Socorro!
Vai e prega a verdadeira devoção a Nossa Senhora e
continua pregando também quando eu já tiver morrido!"

Pe. Antônio Schneider, C.Ss.R.
(Missionário Redentorista, falecido em 1999)

Introdução

No ano de 1991, o missionário Redentorista, Pe. Antônio Schneider, publicou esta obra, fruto de um exaustivo trabalho de pesquisa. O livro tem por objetivo, como escreveu o próprio Pe. Antônio Schneider naquela ocasião, "fazer com que as pessoas conheçam e aprendam a respeito da história e da devoção a Nossa Senhora, sob o título de Perpétuo Socorro". Era desejo do autor que esta publicação pudesse levar as pessoas a cada vez mais amar e venerar a Mãe de Deus. A obra tornou-se uma referência, cumpriu seu papel: por meio dela muitas pessoas passaram a venerar e amar ainda mais Nossa Senhora.

Passada a celebração do Jubileu dos 150 anos da entrega do ícone do Perpétuo Socorro aos Missionários Redentoristas (1866-2016), a Editora Santuário apresenta aos leitores esta nova edição do livro *Nossa Senhora do Perpétuo Socorro: história, culto e devoção*. Esta é uma reedição do livro, que foi reorganizado, recebendo novos elementos e atualização de alguns dados.

Dessa maneira, continuamos cumprindo o que nos foi pedido pelo Papa Pio IX, em 1866, quando entregou aos redentoristas a pintura-ícone original de Nossa Senhora do Perpétuo Socorro: "Façam-na conhecida no mundo inteiro".

Editora Santuário

1 Deus e o ser humano

Uma das passagens mais lindas das cartas de São Paulo é certamente esta: "Bendito seja o Deus e Pai de Nosso Senhor Jesus Cristo, que do alto dos céus nos abençoou com toda a espécie de bênçãos espirituais em Cristo. Foi assim que nele nos escolheu, antes da constituição do mundo, para sermos santos e imaculados diante de seus olhos. Predestinou-nos para sermos seus filhos adotivos por meio de Jesus Cristo. É nele que temos a redenção, por seu sangue, a remissão dos pecados... Nele é que fomos escolhidos, predestinados... para servir à celebração de sua glória" (Ef 1,3-5; 7; 12 e 13).

Nesses poucos, mas densos versículos, aparecem: a importância única de Cristo no plano divino da salvação, nossa vocação de filhos de Deus chamados à santidade, o fim para o qual fomos criados e a nossa realização.

"A razão principal da dignidade humana consiste na vocação do homem para a comunhão com Deus[1]", lembra o Concílio Ecumênico Vaticano II.

Os homens procuram "uma resposta aos profundos enigmas para a condição humana, que tanto ontem como hoje afligem intimamente os espíritos dos homens, quais sejam: que é o homem, qual o sentido e fim de nossa vida, que é bem e que é pecado, qual a origem dos sofrimentos e qual sua finalidade, qual o caminho para obter a verdadeira felicidade, que é a morte, o julgamento e retribuição após a morte e, finalmente, que é aquele supremo e inefável mistério que envolve nossa existência, de onde nos originamos e para o qual caminhamos[2]?"

É por meio de religiões diversas que os homens procuram a solução desses enigmas. E, sem essa solução, eles não se sentem felizes. As ideologias modernas que pretendiam substituir a religião aos poucos vão reconhecendo sua própria ineficácia. Um exemplo apenas: o marxismo-leninismo hoje já fala de maneira bem diferente sobre questões como sentido da vida, culpa e morte. A resposta geralmente dada de que o sentido da vida, a felicidade, a realização pessoal estariam exclusivamente no trabalho, na solidariedade de luta vai de encontro às interrogações de marxistas progressistas do Oriente e do Ocidente a respeito da culpa individual, do destino da pessoa humana, do sofrimento e da morte, da justiça e do amor do indivíduo[3].

A religião, portanto, não é "ópio do povo", mas exigência do coração humano. "Fizestes-nos para vós", Senhor, "e nosso coração permanece inquieto, enquanto em vós não descansar", já dizia Santo Agostinho.

Quem pode dar uma resposta que satisfaça plenamente a todas essas angustiantes interrogações é Cristo. "A Igreja... acredita que Cristo, morto e ressuscitado para todos, pode oferecer ao homem, por seu Espírito, a luz e as forças que lhe permitirão corresponder à sua vocação suprema. Ela crê que não foi dado aos homens sob o céu outro nome no qual devam ser salvos. Acredita igualmente que a chave, o centro e o fim de toda a história humana se encontram em seu Senhor e Mestre."[4]

A psicologia profunda descobriu o sentido positivo da religião para a psique humana, sua autoidentificação e sua cura. Os psicanalistas mais recentes constatam que, à medida que decresce a religiosidade, aumentam a falta de orientação, a ausência de normas e de sentido da vida, neuroses típicas do nosso tempo[5].

"No seguimento de Jesus Cristo, o homem, no mundo de hoje, pode viver, agir, sofrer, morrer verdadeiramente como homem: em ventura e desgraça, vida e morte, amparado por Deus, a serviço dos homens."[6]

Toda espiritualidade, toda piedade, toda devoção deve levar a Cristo e, por meio dele, ao Pai. Mesmo a piedade mariana só é válida quando se orienta diretamente para este objetivo e é capaz de levar a ele. "Piedade mariana" não é a mesma coisa que "devoção mariana". Incentivando esta, não se chega ainda, automaticamente, àquela. A piedade não consiste tanto na recitação de orações, veneração de imagens de Nossa Senhora etc., mas todas essas coisas podem ser meios para se chegar a essa piedade. Quando o cristão se dirige àquela criatura humana, que está unida ao Senhor como nenhuma outra, apenas está seguindo seu instinto cristão e eclesial. Todavia, uma vez que para o cristão a primeira e a última coisa é o Senhor, qualquer outra devoção, inclusive a devoção a Nossa Senhora, reduz-se a uma "fase de um movimento muito mais amplo que orienta para Cristo e termina no Pai" (Scheffczyk). A importância da devoção mariana reside em sua capacidade de estabelecer a relação com Deus[7]. O primeiro motivo para se falar de Maria é sua relação com Cristo.

A salvação do homem consiste na comunhão com o Deus uno e trino, comunhão que lhe advém por meio do encontro existencial com Jesus Cristo. Por isso a salvação é sempre a salvação em Cristo e acontece quando alguém se insere nele, como um membro se insere no corpo, um ramo se insere no tronco. A salvação se decide nesse inserir-se e a Mãe do Senhor é nisso importante ponto de referência. Esteve unida a ele de maneira única, não só no plano biológico, mas também e principalmente no plano espiritual, religioso e existencial. Por isso mesmo, aquele que em sua espiritualidade e em sua conduta se aproxima o mais possível de Maria também se encontra numa relação estreita com Cristo e se coloca realmente em seu seguimento, que conduz sua vida ao Deus uno e trino.

Notas:

[1] Concílio Vaticano II, *Gaudium et Spes*, 19.

[2] *Nostra Aetate*, 1.

[3] H. Kueng, *Ser Cristão*.

[4] Vaticano II, GS 10.

[5] H. Kueng, *o.c.*

[6] Id. *o.c.*

[7] Wolfgang Beinert, *O culto de Maria hoje*, Paulinas, 1983.

2 O culto de Nossa Senhora e dos Santos

Por "culto" entendemos, de modo geral, as formas e os modos pelos quais o homem se dirige a Deus. No cristianismo, ele consiste na adoração ao Pai pelo Filho no Espírito Santo. É uma adoração em espírito e verdade, segundo as diretivas do Novo Testamento (Jo 4,23). Isso significa, entre outras coisas, que deve corresponder em sua orientação interior à natureza de Deus, como a conhecemos pela fé.

No passado, muitas formas de culto aos santos não eram nem teologicamente justificadas nem cristologicamente centralizadas; encontravam-se nelas, por vezes, até mesmo expectativas mágicas.

A lei da fé deve tornar-se a lei da oração. Em especial, a devoção mariana deve orientar-se segundo uma sã mariologia. Isso significa concretamente que o culto à Mãe de Deus deve levar ao Cristo e, por Cristo, ao Pai. Maria é honrada, mas só pelo fato de ter sido escolhida por Deus, sendo por isso obra sua. O louvor de Maria é, por sua natureza, louvor de Deus e deve tornar-se isso também em sua realização concreta. Só no interior desta moldura podemos recorrer a ela. Deus a ama, ele a glorificou; portanto, ama-nos também nela e com ela. Podemos, por isso, estar cheios de esperança e certos de sua graça[1].

A Igreja, "com todo o empenho, exorta os teólogos e os pregadores da palavra divina a que, na consideração da singular dignidade da Mãe de Deus, se abstenham com diligência tanto de todo falso exagero quanto da demasiada estreiteza de espírito" (Vaticano II, LG 67).

Depois que a Igreja na América Latina fez sua opção preferencial pelos pobres, muitos gostam de chamar Nossa Senhora de "Mãe dos pobres, Companheira da caminhada, Maria do povo" etc. Até aí, tudo bem. Mas, fazer restrições ao título de "Nossa Senhora" por lembrar "poder" não deixa de ser exagero. O povo brasileiro sabe muito bem o que significa esse título e se sente muito à vontade quando reza "minha Nossa Senhora!"

A Corredentora se enquadra perfeitamente na consciência, hoje renovada, de que a salvação não consiste só no que diz respeito diretamente ao "além", mas é também libertação de tudo o que oprime o homem: do pecado sobretudo, mas também da fome, da falta de moradia, de emprego, de salário justo, de instrução etc.

A respeito da natureza, fundamento e espírito do culto da Bem-aventurada Virgem Maria, temos hoje o ensinamento oficial da Igreja, por meio do Concílio Vaticano II. Resumindo, diz o Concílio: "Saibam os fiéis que a verdadeira devoção não consiste num estéril e transitório afeto, nem em certa vã credulidade, mas procede da fé verdadeira, pela qual somos levados a reconhecer a excelência da Mãe de Deus, excitados a um amor filial para com nossa Mãe e à imitação das suas virtudes[2]".

O Culto das imagens

No capítulo 20 do Êxodo, versículo 4, lemos que Deus disse: "Não farás para ti imagem de escultura, nem figura alguma do que está em cima nos céus ou embaixo sobre a terra ou nas águas, debaixo da terra. Não te prostrarás diante delas e não lhes prestarás culto".

Todos os relatos bíblicos demonstram que o legítimo culto a Javé não tinha efetivamente imagens. A representação de Deus não era admitida, por princípio.

Qual teria sido a razão dessa proibição dada por Deus? Sem dúvida o perigo de apostasia por parte do povo escolhido, rodeado de pagãos por todos os lados e que prestavam culto a seus ídolos, "obra de mãos humanas".

No Novo Testamento somente se proíbe a adoração de imagens. Assim já as mais antigas catacumbas romanas eram adornadas com pinturas, cujos motivos provinham, por vezes, da arte pagã. Mas, diante da terminante proibição do Antigo Testamento, não é de estranhar que, nos primeiros tempos, houvesse cristãos que eram contrários às imagens religiosas. Os próprios Padres e escritores eclesiásticos dos três primeiros séculos mantiveram-se, em geral, reservados em relação a tais representações e, até mesmo, vários deles eram contrários e eram de opinião que a proibição do Antigo Testamento continuava em vigor. Com o ocaso do paganismo, desapareceu o motivo principal para a oposição às imagens sacras e, do século IV em diante, elas tiveram difusão cada vez maior. Eram consideradas um meio para embelezar as igrejas, para instruir e edificar os fiéis. Assim o culto das imagens difundiu-se largamente no Oriente, entre o século V e VII, ao passo que os ocidentais se mostraram mais reservados. Na igreja greco-oriental, as imagens eram consideradas não apenas como símbolos e sinais do divino, mas até como depositárias e mediadoras de forças sobrenaturais...

O culto das imagens radicou-se profundamente na Igreja grega; incrementado especialmente pelos monges, chefes espirituais do povo, tornou-se parte integrante da religião. Mas não faltavam os adversários que viam em tal culto uma concessão ilícita ao paganismo; estribavam-se também nos abusos e nas superstições que por vezes realmente acompanhavam o culto das imagens. O governo imperial aliou-se a eles e então a luta religiosa contra as imagens passou a ser ao mesmo tempo uma questão política; em todo o império explodiram lutas atrozes que duraram, com interrupções, mais de um século.

Hoje, quando os fiéis católicos rezam diante das imagens de Nosso Senhor Jesus Cristo, de Nossa Senhora e dos Santos, fazem-no com tanta naturalidade, como se todos os irmãos na fé que os precederam o tivessem podido fazer também; é que poucos sabem das tempestades que agitaram a Igreja nesse terreno.

Felizmente, em nossos dias, católico nenhum tem dúvidas a esse respeito, principalmente após a declaração do Concílio Vaticano II: "Firme permaneça o costume de propor nas igrejas as sagradas imagens à veneração dos fiéis; contudo, sejam expostas com moderação quanto ao número, com conveniência quanto à ordem, para que não causem admiração ao povo cristão nem favoreçam devoções menos corretas[3]".

O que é estranho é que, entre não católicos, ainda haja quem nos acuse de estarmos adorando imagens. Ora, clareando-se o conceito de "adoração", tudo se esclarece. Que é "adorar"?

Adorar é reconhecer alguém como Supremo Senhor e Criador, é tributar-lhe o culto máximo. Ora, assim sendo, logo se vê que católico nenhum, por menos instruído que seja, irá prestar semelhante homenagem a uma simples criatura e, muito menos ainda, a uma imagem. Apenas veneramos os Santos e as imagens que no-los representam. Não fazemos a mesma coisa com os heróis de nossa Pátria? Não nos reunimos diante de seus monumentos para lhes prestarmos nosso culto cívico? E não colocamos em lugar de honra, em nossas casas, o retrato de nossos entes queridos?

Notas:
[1] W. Beinert, *o.c.*
[2] Vaticano II, LG 67.
[3] Vat. II, SC 125.

3 O socorro de Maria e iconografia

As disputas a respeito da legitimidade do culto e da veneração das imagens dos santos certamente influíram numa sensível mudança na piedade mariana. Por essas disputas as devoções em geral, e a devoção mariana em particular, foram centrando-se mais e mais em tipos iconográficos precisos e fixos que, sem o querer, irão afastando a "devoção" do mistério integral.

Apesar de se tratar de saber se eram permitidas e se se podiam venerar as representações dos grandes mistérios de nossa Redenção: de Cristo, da Santíssima Virgem, dos Santos e de diversos temas da Sagrada Escritura, a disputa acabou em uma série de prescrições (nem sempre oficiais) a respeito da técnica, da forma e dos temas que fizeram da arte sacra, da arte dos ícones, um ato quase ritual, no qual nenhum detalhe podia ser deixado à inspiração improvisada. A semelhança era uma das principais preocupações: era necessário reproduzir as características tradicionais dos personagens e das cenas representadas, servindo a tradição como garantia da autenticidade. Tratava-se tão somente de continuar conformando-se com os mesmos modelos, escrupulosamente reproduzidos e continuamente copiados. A existência de coleções desses modelos e a formação religiosa exigida dos artistas asseguravam a pureza e a continuidade da tradição. A semelhança permitia a identificação da imagem com o modelo, e a veneração que se prestava a um passava para o outro. Era a fixação do tipo iconográfico a partir de uma venerável tradição. Assim se introduziram, sobretudo no Oriente, umas normas e uns temas artísticos que iriam dar-nos as obras que hoje admiramos no tipo chamado "ícone"[1].

O ícone não é outra coisa que um quadro, originariamente destinado ao culto. Só por isso já devia ter certas características especiais. Um quadro destinado a ser venerado não pode ser concebido do mesmo modo que um quadro cujo fim único é proporcionar o gozo estético. A veneração exige uma composição hierática, sagrada, rítmica, reduzida aos elementos essenciais, clara e inteligível; personagens que se dirigem ao espectador com uma atitude e uns gestos quase sacerdotais; cores que deem a impressão de refletir uma luz sobrenatural. Mas, ao mesmo tempo, o ícone deve distinguir-se do ídolo: imagem que é objeto de veneração não deve confundir-se com a imagem objeto de adoração. Em contraste com o realismo exagerado, agressivo do ídolo, o ícone limita-se a evocar, sugerir, simbolizar... O ícone bizantino não era, em essência, um objeto, mas um dogma feito imagem. Depois dos iconoclastas, a condenação de representações concretas foi tão absoluta que levou ao completo desaparecimento do alto-relevo. Estátuas nem vinham em questão.

Desse modo o que pode ter sido uma característica do espírito oriental se converteu em posição teológica[2].

Um dos argumentos mais fortes que o Concílio Niceno II empregou para justificar o uso e a veneração das imagens foi o da Tradição, tradição que remonta a Constantino, o Grande, ou seja, à época do primeiro dos seis Concílios Ecumênicos que nunca a impugnaram. Ao mesmo tempo, fazendo parte do mesmo argumento de tradição, o Concílio cita testemunhos dos Santos Padres. Nesses testemunhos, como já o fizera o Papa Gregório II, manifesta-se o valor instrutivo, educativo e de convite à virtude que as sagradas imagens encerram e se realça o poder taumaturgo das mesmas, com uma série de milagres que remontam aos Grandes Padres.

Tempo houve em que não existia na Igreja a devoção ao Socorro de Maria, como tal. Havia, isto sim, o conceito, a ideia de socorro referida à Santíssima Virgem, mas uma ideia fundamentada e fazendo parte dos dogmas essenciais do cristianismo. Era a consciência da presença de Maria no mundo de nossa fé e de sua missão dentro da economia de nossa salvação. Com o tempo, e sobretudo diante das lutas iconoclastas, em que se procurou eliminar as imagens, tais representações de Nossa Senhora, como também dos Santos e de Nosso Senhor Jesus Cristo, em seus diversos mistérios, adquiriram uma veneração especial pelo que representam e pelos milagres que operam. Tomam um nome e se estabiliza sua iconografia como expressão de um significado teológico ou como meio de atividade milagrosa. Por elas se operam milagres.

A explicação do lugar de culto, do nome, do título, do poder de socorro, em suma, origina uma "lenda" que não é senão a explicação dos elementos essenciais em que se vai apoiar a devoção. Quando variar um dos elementos acima, teremos também uma variação na "lenda" e ao título geral da devoção se acrescentará uma determinação. Assim dizemos, por exemplo: "Nossa Senhora do Socorro de tal lugar".

Quando, após longo período de esquecimento, desaparece a "lenda" geral, ficando só a imagem, o título e a "lenda" local (que não explica nem o título nem os elementos gerais da devoção), pode surgir facilmente uma nova devoção na base desses mínimos elementos precedentes.

A piedade e a própria ideia do socorro mariano aparecem primeiro no Oriente; lá, muito antes que no Ocidente, começaram a centrar-se em lugares invocações e imagens determinadas, que serão a origem de festas litúrgicas particulares. Não obstante, também no Ocidente essa ideia e essa piedade já são conhecidas há séculos.

Vimos acima que, quando, após longo período de esquecimento, desaparece a "lenda" geral a respeito de alguma imagem ou quadro, ficando só a imagem ou o quadro, o título e a lenda local (que não explica nem o título nem os elementos gerais da devoção), pode surgir facilmente uma nova devoção na base desses mínimos elementos precedentes. Foi o que aconteceu com a moderna devoção ao socorro de Maria. Não obstante fazer parte, em princípio, da moderna devoção a Nossa Senhora do Socorro, perdeu toda a ligação com ela, sobretudo desde 1866, data em que o quadro de Nossa Senhora do Perpétuo Socorro foi entregue aos Missionários Redentoristas. É que, ao não explicar a "lenda" local, nem o título nem os elementos gerais, ignorava-se o "porquê" da devoção ao Socorro. Por isso a forma local da devoção converteu-se em devoção independente, explicando-se seu significado devocional e sua iconografia segundo conceitos novos.

Era o começo de uma devoção nova: por causas diversas, a veneração e o respeito religioso vão-se apoderando de um quadro de cuja origem pouco se sabe, mas que todos chamam de milagroso, famoso pelos milagres etc. Isso, juntamente com o redescobrimento um tanto extraordinário do quadro, a solene instauração do culto e a admirável difusão de cópias do quadro e da devoção, fez com que surgisse uma devoção nova na qual influíram também a interpretação teológica do título popular e os elementos iconográficos, conforme a mentalidade de Santo Afonso e a teologia mariana da época. Esse espírito, próprio da nova devoção, refletiu-se nos tríduos e novenas, na assim chamada Súplica Perpétua e na Arquiconfraria, que são as principais manifestações dessa devoção.

Nossa tendência é recorrer a Nossa Senhora nas necessidades materiais, mais que nas espirituais. Claro que podemos invocá-la também nas necessidades materiais. Santo Afonso de Ligório, em seu maravilhoso livro "As Glórias de Maria", escreve: "Bastaria, para compreender isto, ver que em todas as calamidades públicas a Santa Igreja quer que se recorra sempre à Divina Mãe com novenas, com orações, com procissões e com visitas a suas igrejas e imagens". Mas o mesmo Santo Afonso insiste mais no recurso a Maria nas necessidades espirituais.

Notas:
[1] F. Ferrero, *Nuestra Señora del Perpetuo Socorro.*
[2] F. Ferrero, *o.c.*

O quadro de Nossa Senhora do Perpétuo Socorro

Você sabe o que é uma "lenda"? A palavra vem do latim e designa "uma coisa que é para ser lida".

Em tempos idos, por ocasião do aniversário da morte de santos, lia-se nas comunidades cristãs um resumo da vida ("lenda") dos mesmos. Sem muita demora, a fantasia do povo ou de algum poeta tratou de "enfeitar" esses relatos e assim se misturaram, aos poucos, histórias e lendas.

Essas "lendas" dão testemunho da profundidade dos sentimentos do povo cristão e, ao mesmo tempo, lhe servem de edificação[1].

Histórias e lendas cercam também o quadro de Nossa Senhora do Perpétuo Socorro, hoje venerado na igreja do Santíssimo Redentor e Santo Afonso, dos Redentoristas, em Roma. Certamente, o leitor criterioso saberá distinguir umas das outras. O quadro representa, à maneira oriental, Nossa Senhora das Dores. Como? Veremos mais adiante. Em tempos remotos era venerado na ilha de Creta. Quando foi pintado e por quem? Não se sabe nada de certo. Há uma antiga tradição que atribui sua autoria a São Lucas, mas isto certamente deverá entrar no rol das lendas, como veremos também adiante, embora essa piedosa crença seja partilhada por numerosos escritores orientais. Merece especial destaque a carta do Sínodo de Jerusalém, celebrado no ano de 836, dirigida ao "iconoclasta", o imperador Theophilos, e assinada por três Patriarcas, 185 Bispos, 17 Superiores Religiosos e 1.153 monges. Não há dúvida de que essas 1.358 assinaturas traduziam a convicção de toda a cristandade da época. Acresce que até hoje a crítica não conseguiu aduzir argumentos válidos contra essa piedosa tradição.

Já pelo ano de 527, Theodorus Lector, da igreja de Santa Sofia em Constantinopla, atesta que um quadro da Mãe de Deus, que ele supõe ser esse, foi levado, em meados do século quinto, de Jerusalém a Constantinopla, pela imperatriz emérita Eudócia a sua cunhada, a imperatriz Santa Pulchéria (†453). Esta construiu na capital uma imponente igreja para o quadro e, junto a ela, um mosteiro.

O povo chamava os monges desse mosteiro de "Hodegoí", isto é, "guias" (na caminhada rumo ao céu). A própria igreja do mosteiro passou a ser chamada assim. Daí, por sua vez, o quadro ficou conhecido pelo nome de "Hodegétria" ou "Odigitria", para se distinguir dos muitos quadros de Nossa Senhora que eram venerados naquela cidade.

Esse título, porém, pode ser entendido ainda num outro sentido, espiritual também: Maria Santíssima como guia dos que "andam nas trevas", como se lê num famoso hino grego em honra da Hodegétria, do século sétimo, o hino "Akâthistus".

No dia 29 de maio de 1453, os janízaros de Mohamed II entraram em Constantinopla e encheram de terror a cidade. Um deles partiu com a sua cimitarra o célebre quadro da Hodegétria em quatro partes e ele e mais três companheiros sortearam entre si essas partes juntamente com os enfeites. Assim desapareceu por mãos criminosas e sacrílegas esse tesouro da arte cristã, essa relíquia do cristianismo primitivo, esse quadro atribuído por tanta gente a São Lucas.

Mas, já havia outro quadro de Maria Santíssima que, ao que parece, deveria ser o herdeiro das bênçãos ligadas àquele: o quadro milagroso de Nossa Senhora do Perpétuo Socorro.

Há estudiosos da arte que pensam ter ele sido pintado por volta do século 13, talvez por um monge grego.

O quadro, digno produto da arte bizantina, foi exposto à veneração pública numa igreja da ilha de Creta, cujo nome também não é conhecido. O povo católico, que se sentiu atraído pelo quadro cheio de simbolismos, passou a rezar diante dele com grande confiança e não ficou desiludido. Logo se ouviu falar de graças extraordinárias alcançadas e isto evidentemente aumentou a fama do quadro. Um belo dia ele desapareceu e ninguém soube dar notícias dele. Ou melhor: alguém o sabia, sim: um comerciante cretense, que tinha ligações com o Ocidente, havia secretamente subtraído o quadro, porém nada se sabe a respeito de suas intenções. Restam-nos, portanto, meras suposições: seria o desejo de lucro vil que o movia, ou era a piedosa preocupação de que os turcos pudessem conquistar a ilha e, talvez, profanar o quadro milagroso? Não se sabe. Uma coisa é certa: o referido comerciante conseguiu chegar com o quadro a um navio e viajar para a Itália.

Compreende-se facilmente que logo surgiram cópias desse quadro tão característico, seja no tempo em que ele ainda se encontrava na ilha de Creta, seja depois que ele desapareceu de lá.

Dificilmente, o quadro terá estado numa igreja dos "latinos" que também havia na ilha, mas sim numa igreja greco-católica. Só assim se explica que um quadro semelhante seja venerado até hoje pelos gregos, e até mesmo pelos turcos, na catedral ortodoxa da cidade cretense de Rethymo. Dois outros quadros, também em poder dos ortodoxos, encontram-se na ilha grega de Zante, tendo ambos sido pintados por artistas cretenses: Emanuel Zane (†1690) e Elias Mosco.

Os monges gregos ortodoxos do célebre mosteiro de Monte Athos veneram o quadro como ícone amovível na igreja Dochiarin. Também na igreja principal do mosteiro grego "Hosios Loukas" encontra-se esse quadro. No famoso mosteiro de Santa Catarina, no Monte Sinai, existe talvez meia dúzia desses antigos ícones.

Os russos chamam o quadro de "Strastnaia". A Strastnaia mais célebre era a do mosteiro de religiosas em Moscou. Muitos russos piedosos traziam sempre consigo uma medalha dessa invocação.

Um pintor de Creta, chamado André Rikos, que na Itália se assinava ora como Rico, ora como Ricio e que, ao que parece, viveu no século XVI, pintou vários quadros desse gênero, grandes e bonitos. Foi ele talvez o primeiro pintor que tentou imortalizar seu nome ao pé dos quadros que pintava. Assim, pode-se ver ainda hoje no museu de Fiesole, perto de Florença, um ícone desses, medindo 81 x 104 cm, com a inscrição: "Andreas Rico de Candia Pinxit", ao passo que num ícone de Parma, do mesmo tamanho, se lê: "Andreas Ricio de Candia Pinxit". Em ambos os quadros encontra-se também uma inscrição latina, a identificar as figuras, ao passo que outros, como um que se encontra em Bari, trazem a inscrição em grego, como no original.

Os artistas de épocas posteriores não tinham mais diante de si o original. Assim se explicam certas alterações como, por exemplo, a coroa de espinhos na cruz apresentada por São Gabriel e as três artísticas estrelas sobre a cabeça e cada um dos ombros de Nossa Senhora. Em nosso quadro romano encontra-se, além de uma espécie de cruz, uma única estrela, e esta em forma muito simples: oito raios. Note-se, porém, que as formas mais simples costumam ser as mais antigas. Assim sendo, temos motivos fortes para acreditar que esse quadro romano é de fato o original de todos os demais do gênero. Além disso, ele é certamente o mais bonito. Aqueles do candiota André Rikos, por mais bonitos que sejam, comparados com nosso quadro, foram designados pelo jesuíta Bigarelli, profundo conhecedor da arte e professor na Universidade Gregoriana em Roma, como "fabricação em série". Voltando ao comerciante que levou o quadro de Nossa Senhora para a Itália: como é que se ficou sabendo disto?

Há um documento em latim, escrito em pergaminho, armado sobre uma tabuleta e que estava dependurado na Igreja de São Mateus em Roma, perto do quadro milagroso. Parece que o original se perdeu, mas entre os manuscritos da Biblioteca Vaticana encontram-se três cópias, do século 17, as quais, no essencial, concordam entre si.

O relato provavelmente é do ano de 1499, quando o quadro foi colocado à veneração pública naquela igreja. Merecerá fé? A resposta, sem dúvida, deverá ser: sim! Certamente, a autoridade eclesiástica competente terá procedido aos necessários exames, antes de permitir que o referido documento fosse dependurado numa igreja de Roma.

Alguns anos mais tarde, em 1518, o franciscano Frei Mariano da Firenze organizou um guia para os peregrinos que iam visitar Roma, o "Itinerarium Urbis Romae", o qual, porém, só foi publicado em 1931 por seu confrade Bulletti. Nele se lê, quando trata da velha igreja de São Mateus, o seguinte: "Para lá, há pouco, (!) foi traslado, acompanhado de brilhantes milagres, (!) um quadro da Madonna, roubado da Ilha de Cândia".

No ano de 1715, o padre jesuíta romano Concezio Carrocci proferiu, na igreja del Gesù, um sermão sobre o nosso quadro (a primeira pregação sobre este assunto de que se tem conhecimento). Em 1729, esse sermão foi publicado e verificou-se, então, que o pregador se baseava inteiramente naquela narração antiga. Século e meio depois, teve grande influência sobre o destino do quadro, como veremos mais adiante.

Vejamos o teor do documento em tradução fiel do texto latino, para que possamos apreciar a simplicidade e a naturalidade do relato:

Transladação do quadro mariano
para a igreja do santo apóstolo Mateus

Um comerciante de Creta roubou este quadro de Nossa Senhora de uma igreja daquela ilha, onde operou muitos milagres. Embarcou com ele num navio, escondeu-o no meio de seus pertences e encetou a viagem marítima. Durante a viagem, levantou-se violenta tempestade; a tripulação já começava a perder a esperança e, mesmo sem nada saber do quadro, fez vários votos a Deus e Nossa Senhora para escapar do naufrágio iminente. Com a proteção de Deus chegaram realmente ao porto desejado.

Passou um ano e o comerciante chegou a Roma com seu quadro. Lá adoeceu gravemente. Tinha ele em Roma um amigo; mandou chamá-lo e pediu-lhe: "Cuida de mim, um homem doente, e, se Deus permitir que eu sare, te recompensarei". O romano recebeu-o em sua casa e cuidou dele. Apesar disso, o doente ia de mal a pior e, quando sentiu aproximar-se o fim, entre lágrimas, pediu ao amigo um último favor. O amigo acedeu. Então, o comerciante contou toda a história do quadro, como ele o havia subtraído secretamente de uma igreja, onde operava muitos milagres. Ele (o amigo) encontraria o quadro entre seus pertences. "E agora te peço", continuou, "já que a morte próxima não mo permite, leva o quadro ao lugar que lhe destinei, faze-o colocar em qualquer igreja, à tua livre escolha".

Morre o comerciante e no meio de sua bagagem se encontra a pintura. Mas agora a mulher daquele romano pede-lhe com tanta insistência que o quadro fique em sua casa que ele acaba cedendo. Nove meses ele ficou no quarto deles.

Então aparece a gloriosa Virgem a esse romano e o aconselha a não ficar com o quadro, mas a colocá-lo num lugar mais digno. Ele, porém, não atende. Decorrido algum tempo, a Mãe de Deus aparece de novo e reitera seu aviso e, quando também este não traz resultado, ela aparece uma terceira vez e ameaça, dizendo que, se ele não colocar o quadro numa igreja, perecerá miseravelmente.

Aí o romano ficou com medo; na manhã seguinte, contou tudo à mulher e pediu-lhe: "Doa o quadro a qualquer igreja". Ela respondeu: "Como podes dizer uma coisa dessas? Eu não sou nenhuma pagã, eu sou cristã e nós não somos os únicos que têm um quadro assim em sua casa. Até mesmo maus cristãos têm em suas casas um quadro da Madonna, um crucifixo ou outro quadro piedoso".

O romano acabou fazendo mais uma vez a vontade de sua mulher; mas a Santíssima Virgem voltou de novo e falou-lhe assim: "Por várias vezes já te adverti que me tirasses daqui; até ameacei; mas tu não quiseste acreditar. Assim tu terás de sair de casa por primeiro, para que eu possa encontrar um lugar mais honroso". Realmente o homem adoeceu e morreu.

Depois disso, Nossa Senhora apareceu à filhinha desse homem, de seis anos de idade, e falou-lhe: "Dize à tua mãe e a teu avô: a Santa Maria do Perpétuo Socorro quer que a tirem da casa de vocês; senão, em breve, vocês todos irão morrer". A criança contou à mãe esta visão. Diante disso, a mulher, que, por sua vez, também tivera uma visão semelhante, ficou com medo e, sentindo-se culpada pela morte de seu marido, prorrompeu em pranto e tomou a firme resolução de se desfazer do quadro.

Uma vizinha viu-a chorando e perguntou pelo motivo. Então a viúva contou tudo: as aparições que seu marido tivera, sua incredulidade, seu fim; como ela mesma sempre se havia oposto e como agora, para sua maior tristeza, reconhecera ser culpada pela morte do marido. "Tu estás enganada", disse-lhe a vizinha; "acreditar em tal coisa é rematada tolice. Nossa Senhora está lá no céu e não se importa com o que acontece com seus quadros aqui na terra. Experimenta pôr o quadro no fogo e vais ver que ele queima como qualquer outra madeira. Mas, se teu medo for grande demais para fazer isto, então passa o quadro para cá!" Disse ainda muitas outras palavras que não convinha dizer, mas, quando à noite ia para casa, foi acometida de um mal misterioso, parecido com peste. Então fez um voto em honra da Madonna desse quadro e assim ficou livre de seu mal.

Finalmente, a Santíssima Virgem apareceu uma última vez à já mencionada criança e disse: "Dize à tua mãe que faça venerar publicamente meu quadro entre Santa Maria Maior e São João do Latrão, na igreja dedicada ao Apóstolo São Mateus". A mãe obedeceu à ordem, chamou os monges agostinianos que atendiam nessa igreja, e assim o quadro foi transladado na presença do clero e de todo o povo. No próprio dia da transladação, deu-se o primeiro milagre: um homem, que era paralítico do braço direito, aliás de todo o lado direito, tanto que não conseguia mover-se, recomendou-se humildemente a Deus e sua Santíssima Mãe, fazendo um voto, e foi subitamente curado.

Assim o quadro da gloriosíssima Virgem Maria foi colocado na citada igreja do santo Apóstolo Mateus no dia 27 de março de 1499, no sétimo ano do Pontificado do em Cristo Santíssimo Padre e Senhor, nosso Senhor e Papa Alexandre VI.

Até aqui o relato mais antigo.

O nome de Alexandre VI desperta em nós, cristãos católicos, triste recordação, pois ele foi um dos poucos Papas que não se mostraram de todo dignos do importante cargo que lhes foi confiado. Se ele é aqui chamado de "Santíssimo Padre e Senhor, nosso Senhor e Papa", segue-se daí que esse documento foi escrito quando ainda vivia esse Papa, que morreu em 1503, portanto, num tempo em que qualquer um podia, em Roma, perguntar àquela viúva, a seu pai, à sua filhinha, à vizinha e ao homem curado repentinamente a respeito da veracidade dessas coisas[2].

Notas:

[1] Max Biber, *Eine Marienlegende.*

[2] Clemens M. Henze, C.Ss.R., *Ausfuehriche Geschichte des Muttergottesbildes von der immerwaehrenden Hilfe.*

5 A Madonna di San Matteo

"Madonna di San Matteo." Assim era muitas vezes chamado esse belo quadro bizantino de Nossa Senhora, desde que começou a ser venerado na antiga igreja do Apóstolo e Evangelista Mateus, sobre o Esquilino. Mas, desde o começo, aflorou também aquele maravilhoso título que tanto desperta a confiança e que Nossa Senhora mesma se dera: "Madonna del Perpetuo Soccorso", Nossa Senhora do Perpétuo Socorro. Oito décadas mais tarde, esse título foi pintado no frontispício da velha igreja de São Mateus, onde, desde então, se podia ler em grandes letras:

À Virgem Mãe de Deus Maria do Perpétuo Socorro e
ao Apóstolo e Evangelista Mateus (1579)

Sob que título o quadro terá sido venerado, em tempos idos, na ilha de Creta? Não se sabe. Um quadro do mesmo estilo, o já mencionado quadro de Rethymo, venerado pelos ortodoxos, era popularmente chamado "Senhora dos Anjos". Isso por causa dos dois arcanjos que ladeiam Nossa Senhora. Alguns outros quadros antigos são chamados, no Oriente, de "A Imaculada" (amólytos). Com isso os orientais querem dizer que Maria Santíssima é a terra virgem do paraíso, da qual foi formado o novo Adão, Cristo Jesus.

Os Guardiães do quadro

A igreja de São Mateus era atendida por alguns monges do grande convento de Sant'Agostino, que ficava mais no centro da cidade de Roma. No ano de 1658, alguns agostinianos irlandeses fugiram das crueldades dos protestantes ingleses e refugiaram-se em Roma, depois de catorze de seus confrades, em sua pátria, terem derramado seu sangue pela fé. De bom grado foi-lhes cedido o pequeno convento de San Matteo; entretanto, ainda no mesmo ano, morreu o grande inimigo dos católicos, Cromwell, e assim a maioria desses agostinianos irlandeses voltou para sua pátria; o desconhecimento da língua tornara-lhes difícil a permanência em Roma. Mas o piedoso irmão leigo Nonagh (Donato) não pôde separar-se daquele quadro milagroso tão sugestivo e obteve a licença para ficar em Roma. De acordo com antigas crônicas, até sua piedosa morte passava longas horas do dia e da noite em oração diante desse quadro. Morreu em 1700.

De 1661 a 1739, os agostinianos de Santa Maria Novella se encarregaram do serviço religioso em San Matteo. Então voltaram seus confrades irlandeses. Acontece que naquele tempo viviam em Roma os católicos Stuarts, os legítimos herdeiros do trono da Inglaterra, e eles desejavam padres que falassem o inglês.

Pelo ano de 1780, juntou-se aos agostinianos irlandeses, como irmão leigo, um italiano de Lucca, chamado Agostino Orsetti. Estava ele destinado por Deus a desempenhar um papel importantíssimo quanto ao destino do nosso quadro. Veremos isto mais adiante. Já avançado em idade, ele contava muitas vezes a seu jovem amigo, Miguel Marchi, que a Madonna di San Matteo havia sido muito venerada e que todos os anos se fazia em sua honra uma grande festa. Lembrava-se também do seguinte fato extraordinário:

Para enfeitar a igreja, por ocasião de uma dessas festas, os bons monges tinham convidado um florista da cidade. Quem conhece Roma sabe com quanta arte e com quanto gosto as igrejas são ornamentadas para as festas. Quando aquele florista viu os enfeites que os piedosos devotos de Nossa Senhora do Perpétuo Socorro haviam ofertado, no decorrer dos anos, deixou-se levar pela cobiça. Aproveitando-se de um momento em que não era observado, apossou-se daquelas preciosidades e tomou o caminho de casa. Chegou à Via dei Serpenti, ao pé do Esquilino, e quis continuar até o Fórum de Trajano, mas não conseguia. Fosse por onde fosse, sempre acabava, sem saber como, na rua que sobe a San Matteo. Então, cheio de medo, foi devolver os objetos roubados e os piedosos monges choraram de comoção diante do poder prodigioso de sua querida Madonna.

O quadro desaparece

No ano de 1796, Napoleão Bonaparte tinha entrado com suas tropas em território pontifício e, no dia 19 de fevereiro de 1797, foi assinada a paz de Tolentino, que foi dura e humilhante para a Santa Sé. Um ano mais tarde, tropas francesas, sob o comando do General Berthier, entraram na própria cidade de Roma. Lá, portaram-se como filhos legítimos da grande revolução de 1789, proclamaram a "República Romana" e expulsaram o Papa de sua cidade e de seus territórios. No dia 20 de fevereiro, ao raiar do dia, uma carruagem deixava Roma em direção à cidade de Sena; nela estava um ancião octogenário gravemente doente: o Papa Pio VI. Entretanto, muitos sofrimentos ainda o aguardavam até que a morte pusesse fim aos mesmos, no dia 29 de agosto de 1790, em Valença, na França.

Em Roma, os franceses não perderam tempo com suas inovações. Foi resolvida imediatamente a demolição de cerca de vinte igrejas, entre elas a de São Mateus, que, aliás, estava ameaçando ruir. No dia 3 de junho de 1798, começou a demolição e, dentro de pouco tempo, mal restavam alguns indícios daquele lugar sagrado.

Parece que a maioria dos guardiães daquele santuário, os monges agostinianos irlandeses, voltou para sua pátria. Os poucos remanescentes foram, com sua Madonna, primeiro para o vizinho convento de Santo Eusébio dos monges celestinenses, ordem que estava em extinção. O lugar onde colocaram o quadro é desconhecido. Certamente, não no altar-mor da igreja anexa ao convento, pois nele já estava um quadro de Nossa Senhora.

O quadro, essa estrela que havia brilhado, primeiro na ilha do Mediterrâneo e, depois, durante três séculos, em Roma no Esquilino, desapareceu...

De Santo Eusébio a Santa Maria In Posterula

O papado é imortal. Quando o general francês exigiu de Pio VI os dois anéis que ele tinha nos dedos da mão direita, ele disse: "Um deles posso dar, pois é propriedade minha; o outro, porém, deverá passar para meu sucessor". Era o assim chamado "anel do pescador". De fato, mal terminara o século 18 e, em Veneza, era eleito um novo Papa, Pio VII. Este Papa entregou o vasto convento de Santo Eusébio, dos monges celestinenses, aos Padres Jesuítas, para servir de casa de retiros, depois de haver restabelecido, em 1814, a Companhia de Jesus. Pelo mesmo tempo (1819), deu aos agostinianos irlandeses o convento de Santa Maria in Posterula, outrora também pertencente aos monges celestinenses. Este ficava bem distante de San Matteo, à margem esquerda do Rio Tibre, defronte ao moderno Palácio da Justiça e desapareceu só no começo do século 20, junto com a pequena igreja, quando foi levantado o novo dique do Rio Tibre e construída a nova Ponte Umberto. O estranho nome "in Posterula" (na portinhola dos fundos) vem da Idade Média, quando naquele lugar ainda estava de pé a antiga muralha da cidade com um pequeno portão.

A igreja, de pequenas dimensões, era dedicada a Nossa Senhora e no altar-mor se venerava, já desde 1573, um devoto quadro da mesma. Assim não admira que os agostinianos irlandeses colocassem sua Madonna del Perpetuo Soccorso na pequena capela de seu convento. Lá o já mencionado Miguel Marchi, romano de nascimento, coroinha da igreja e grande amigo do velho e quase cego Irmão Agostino Orsetti, viu muitas vezes este quadro no decorrer dos anos de 1838 a 1851, principalmente nos anos 1850 e 1851. Quando Fra Agostino sentiu que seu fim se aproximava (ele morreu, de fato, com a idade de 86 anos), disse repetidas vezes a seu jovem amigo, num tom meio misterioso: "Meu caro Miguel, grava bem isto: a Madonna que está lá em cima, na capela, é a Madonna de San Matteo, junto à qual eu, em tempos idos, fiz meu noviciado e da qual eu tantas vezes te falei. Isto é a pura verdade. Entendeste, meu caro? Oh, ela era tão milagrosa!" Assim, ao menos dois romanos ainda conheciam o célebre quadro milagroso da demolida igreja de San Matteo; mas outros, o que sabiam dele? Os que, em tempos idos, haviam rezado diante dele morriam um após outro. De que maneira a nova geração tomaria conhecimento do quadro sagrado? Se muito, por meio de velhos livros[1].

O Quadro é redescoberto

O padre jesuíta Francisco Blose pregava no começo de 1863, em Roma, na igreja de sua ordem, dedicada ao santo nome de Jesus. Os vários quadros milagrosos de Roma eram o tema de suas pregações. No dia 7 de fevereiro pregou sobre o nosso quadro. Fonte de informação foram-lhe os sermões impressos de seu confrade, o Pe. Concezio Carocci. Lamentou muito que o tão venerado quadro de Nossa Senhora do Perpétuo Socorro, havia decênios, tivesse desaparecido, sendo assim subtraído à veneração por parte do povo. "E acontece – exclamou o pregador – que a Rainha do céu declarou que seu quadro deveria ser venerado publicamente numa igreja situada entre as Basílicas de Santa Maria Maior e São João do Latrão." Quem, pois, soubesse do paradeiro do quadro milagroso se manifestasse e tratasse de ser tomada em consideração a vontade expressa de Nossa Senhora.

Essa pregação evidentemente causou grande impacto entre o povo e sua notícia chegou também aos ouvidos dos Missionários Redentoristas que, desde 1855, tinham a sede de seu governo geral na assim chamada Villa Caserta, no alto do Esquilino, perto do lugar onde antes se encontrava a igreja de São Mateus. O limite sul do espaçoso jardim da Villa Caserta era o lugar onde outrora se erguia o referido templo. Os padres já tinham conhecimento, por meio de livros, que naquela igreja antigamente era muito venerado um quadro milagroso de Nossa Senhora do Perpétuo Socorro. Até mesmo sabiam, a essa altura, onde se encontrava esse quadro. É que, desde 1855, fazia parte da comunidade o Pe. Miguel Marchi, o antigo coroinha de Santa Maria in Postérula, a quem o velho irmão, Fra Agostino, havia revelado que a Madonna que se encontrava na capela do pequeno convento era a Madonna de San Matteo. Esse coroinha sentiu-se chamado à vida sacerdotal e religiosa e pediu admissão na Congregação do Santíssimo Redentor, na qual fez sua profissão religiosa em 1857 e se ordenou padre em 1859.

Mas, apenas por meio da pregação do Pe. Blose, os Redentoristas souberam da vontade expressa de Nossa Senhora de que seu quadro fosse venerado numa igreja situada entre Santa Maria Maior e São João do Latrão. Compreende-se assim facilmente que, com essa revelação, despertasse neles o desejo de conseguir esse tesouro para a igreja que recentemente haviam construído ao lado da Casa Generalícia e dedicada ao Santíssimo Redentor e a Santo Afonso. Procuraram saber o que pensavam a respeito os Agostinianos de Santa Maria in Postérula, mas estes – compreende se – não gostaram nada da ideia.

Diante disso, o Superior-Geral da Congregação, Pe. Nicolau Mauron, resolveu esperar; e esperou por quase três anos: refletia, rezava e pedia orações. Convencido de estar fazendo a von-

·32·

tade de Deus, redigiu um pedido e solicitou uma audiência ao Papa Pio IX.

No dia marcado, o Superior-Geral foi recebido com muita afabilidade pelo Papa, que leu com todo o interesse o pedido apresentado e, em seguida, pegou uma caneta, ele, o Superior de todos os religiosos e supremo administrador de todos os bens eclesiásticos, e escreveu na própria folha em que estava o testemunho do Pe. Marchi: "O Cardeal Prefeito da Propaganda convoque o Superior da microscópica comunidade de Santa Maria in Postérula e lhe comunique ser nossa vontade que o quadro da querida Mãe de Deus, do qual fala o pedido, volte para o espaço entre San Giovanni e Santa Maria Maggiore; o Superior dos Redentoristas sinta-se obrigado a substituí-lo por outro quadro de acordo".

Desse modo o quadro milagroso passou para os filhos de Santo Afonso, "não sem especial disposição da Providência Divina", como diz o ofício da Festa de Nossa Senhora do Perpétuo Socorro. A estrela reluzente que um dia se deslocara do Oriente para Roma voltava para o Esquilino, onde havia brilhado durante três séculos, e recomeçava a brilhar com mais intensidade ainda.

A congregação fundada por Santo Afonso chama-se "Congregação do Santíssimo Redentor". Sua honrosa tarefa é continuar a obra redentora de Cristo. "Fortes na fé, alegres na esperança, fervorosos na caridade, inflamados no zelo, humildes e sempre dados à oração, os Redentoristas, como homens apostólicos e genuínos discípulos de Santo Afonso, seguindo contentes a Cristo Salvador, participam de seu mistério e anunciam-no com evangélica simplicidade de vida e de linguagem, pela abnegação de si mesmos, pela disponibilidade constante para as coisas mais difíceis, a fim de levar aos homens a 'Copiosa Redenção'."[2]

Dizem as Constituições que a Congregação é enviada de modo especial aos homens mais abandonados: os que a Igreja não pôde ainda prover de meios suficientes de salvação; os que nunca ouvi-

·33·

ram o anúncio da Igreja ou, pelo menos, não o receberam como Evangelho; ou, finalmente, os que são prejudicados pela divisão da Igreja.

Dizem mais as Constituições que, ao mesmo tempo que a Congregação tem solicitude apostólica para com os fiéis atendidos pela Pastoral ordinária, a fim de que, fortalecidos pela fé, se convertam continuamente a Deus e sejam testemunhas da fé na vida cotidiana, entre os grupos humanos mais necessitados de auxílio espiritual, atenderão de modo especial os pobres, os humildes e os oprimidos, cuja evangelização é sinal da obra messiânica e com os quais o Cristo mesmo quis, de certa forma, identificar-se.

Dizem ainda as Constituições que a preferência pelas condições de necessidade pastoral ou pela evangelização propriamente dita e a opção em favor dos pobres constituem a própria razão de ser da Congregação na Igreja e o distintivo de sua fidelidade à vocação recebida[3].

Para que a Congregação pudesse ser sempre fiel à vocação recebida, Santo Afonso Maria de Ligório, que nutria extraordinário amor à Rainha do céu e propagava sua devoção por todos os meios, imprimiu à atividade apostólica dos seus um toque marcadamente mariano.

Em 1774, Afonso escrevia a seus Padres e Irmãos: "Não deixemos jamais de recomendar-nos à divina Mãe, uma vez que o Senhor nos dá a honra e o prazer de publicar por toda parte as suas glórias: isto muito me consola e me dá grande esperança de que esta boa Mãe não deixará de ter um cuidado especialíssimo com cada um de nós e de obter-nos a graça de tornar-nos santos[4]".

Nas missões redentoristas, por mais breves que fossem, Afonso não queria que faltasse o sermão sobre Nossa Senhora, Refúgio dos pecadores.

O Santo Doutor sempre defendeu que o verdadeiro devoto de Maria não se perde. "É impossível – escreve ele – que se perca um devoto de Maria, que fielmente a serve e a ela se reco-menda... Não me refiro àqueles que abusam dessa devoção para pecarem com menos temor... Pois esses presumidos, por esta sua temerária confiança, merecem castigo e não misericórdia. Falo tão somente daqueles devotos de Maria que, ao desejo de emenda, unem a perseverança em obsequiá-la. Quanto a estes, repito, é moralmente impossível que se percam"[5].

Notas:

[1] Clemens M. Henze, *o.c.*

[2] Const. C.Ss.R., n. 20.

[3] Const. n. 3, 4 e 5.

[4] Afonso de Ligório: *Cartas.*

[5] Afonso de Ligório: *As Glórias de Maria.*

6 De volta ao Esquilino

No dia 19 de janeiro de 1866, dois jovens padres redentoristas, os Padres Marchi e Bresciani, saíram da casa generalícia e dirigiram-se a Santa Maria in Postérula para buscar o quadro de Nossa Senhora do Perpétuo Socorro, destinado pelo Papa Pio IX à igreja do Santíssimo Redentor e Santo Afonso. Seria o último elo da grande corrente de aparentes casualidades que, na realidade, não eram meras casualidades.

O quadro milagroso achava-se ainda na mesma capela em que o Pe. Marchi, em sua infância, tantas vezes o tinha visto e admirado. Apesar de antigo, estava relativamente bem conservado. Fora danificado, de um lado pelo caruncho e, de outro, pelos devotos que o haviam perfurado com preguinhos, presumivelmente para firmar enfeites. Atrás, sim, tinha ele um sarrafo pregado tão sem jeito que pela frente apareciam dois grandes pregos.

Era evidente que, nesse estado, o quadro não podia ser restituído à veneração pública e assim o pintor polonês Leopoldo Nowotny (1822-1870) foi encarregado de restaurá-lo. Desincumbiu-se da honrosa tarefa com grande competência, mas "renovou-o" demais. Felizmente existe ainda uma fotografia do mesmo, antes da restauração. Por ela é possível avaliar sua antiguidade, seu caráter bizantino e o olhar tristonho de Nossa Senhora, muito melhor do que no quadro restaurado.

O Pe. Ernesto Bresciane, redentorista, apressou-se em escrever um pequeno livro sobre o quadro milagroso, livro este que foi logo traduzido para outras línguas.

Enquanto isso, espalhou-se pela cidade de Roma, de casa em casa e de rua em rua, a notícia de que um antigo quadro de Nossa Senhora, desaparecido durante setenta anos, fora encontrado e, em breve, seria restituído à veneração pública na igreja do Santíssimo Redentor e Santo Afonso, na Via Merulana.

No dia 17 de abril, o Cardeal Patrizi, vigário-geral de Pio IX, fez um convite oficial ao povo católico, um "Invito Sacro", dizendo que a Santíssima Virgem Maria havia se servido do Santo Padre para fazer da igreja de Santo Afonso o lugar onde seria venerado seu quadro milagroso que fora reencontrado, e escolhera os filhos de Santo Afonso como guardiães do mesmo. "Romanos – conclamava ele –, e especialmente vós, moradores do bairro de 'Monti', mostrai agora o vosso amor a Maria! Vossos antepassados tiveram grande devoção a Nossa Senhora sob o título de 'Perpétuo Socorro'. Segui seu exemplo! Recorrei a ela nas vossas angústias e necessidades! Esta boa Mãe não cessará de ajudar-vos até que vos veja no céu para gozar eternamente o fruto de seu 'perpétuo socorro'."

No dia 26 de abril celebrava-se a festa de São Cleto, o terceiro Papa, do qual se dizia que tinha nascido no Esquilino e, ao mesmo tempo, celebrava-se a festa de Nossa Senhora do Bom Conselho, cujo quadro milagroso se encontra em Genazzano e era muito venerado por Santo Afonso. Pois bem: na tarde desse dia 26 de abril de 1866, saiu uma grande e solene procissão da casa generalícia dos Redentoristas; percorreu as ruas e praças do bairro até à Via Urbana, para finalmente terminar na igreja de Santo Afonso. Num andor ricamente ornamentado, ia o quadro milagroso de Nossa Senhora do Perpétuo Socorro, que assim iria tomar posse de seu novo santuário.

Por essa ocasião, não podiam faltar provas extraordinárias do poder e da bondade de Nossa Senhora: numa casa, por onde passava a procissão, havia uma criança que estava à morte. Sua mãe, animada por aquela fé viva que sempre distinguiu os verdadeiros romanos, apresentou a criança a Nossa Senhora, através da janela aberta, e exclamou: "Mãe querida, curai esta criança ou levai-a junto a vós para o céu!" Na noite daquele mesmo dia notou-se evidente melhora e, dentro de poucos dias, a feliz mãe pôde, acompanhada pela criança, completamente restabelecida, oferecer uma vela votiva na igreja de Santo Afonso.

Numa outra casa, achava-se uma menina de oito anos, hemiplégica desde os quatro. Também ela recebeu uma graça especial por meio desse quadro milagroso. No momento em que a procissão passava diante da sua casa, a menina sentiu um tremor a sacudir-lhe o corpo e no mesmo momento a paralisia praticamente desapareceu. Dentro de pouco tempo, a mãe pôde visitar, acompanhada pela criança, o quadro milagroso e assim rezar: "Madonna, completai agora a obra que começastes!" Mal tinha terminado essa oração, para espanto dos que lá se encontravam, a menina se levantou e se pôs a caminhar sem dificuldade.

À entronização solene do quadro na tarde de 26 de abril de 1866, seguiu-se um tríduo igualmente solene. Sobre este tríduo escreve o Superior-Geral dos Redentoristas da época, com data de 8 de maio, ao Provincial da França, Pe. Desurmont: "Enviei-lhe as notícias sobre as solenidades; mas, o que é impossível descrever é o entusiasmo extraordinário que essas solenidades despertaram em toda a cidade de Roma. Só vendo. A multidão tomou de assalto nossa igreja; dizer que 50.000 pessoas vieram para venerar a Mãe de Deus é ainda pouco. Todos os dias traziam flores, velas, objetos de prata e espórtulas de missa. Enfermos e paralíticos faziam-se trazer à igreja; até pessoas da alta sociedade chegavam descalças. E este fervor e esta romaria estão continuando, maio adentro. Todas as noites a multidão se comprime em volta do altar da Madonna. Numa palavra: tudo indica que será grande a abundância de graças para as almas e bênçãos para os redentoristas".

Na noite do dia 5 de maio, houve uma surpresa: inesperadamente apareceu também o Papa Pio IX na igreja de Santo Afonso para rezar diante do quadro e para vê-lo de perto. Disse então ao Padre-Geral Mauron: "Como é bonito o quadro! Ainda mais bonito que a cópia com que Vossa Paternidade me presenteou". Ao receber essa cópia, Pio IX a fez pendurar, primeiro em seu quarto e, mais tarde, em sua capela particular. Mais adiante, essa cópia do quadro original passou para as mãos de Monsenhor Carinci, então Secretário da Sagrada Congregação dos Ritos, que muito o estimava.

Os moradores do bairro de Monti, em Roma, quiseram demonstrar seu júbilo pela volta do quadro milagroso, tão venerado por seus antepassados, por meio de festividades especiais. Programou-se mais um tríduo. Este, no que se refere à ornamentação do templo, à iluminação noturna, à frequência à igreja e à recepção dos sacramentos, superou, em muito, o primeiro. Na organização desse tríduo destacou-se um piedoso leigo, o Cavaleiro João Batista Chiocca.

No dia 4 de junho, o quadro milagroso foi transferido para um novo altar lateral. O projeto e a pintura desse altar são merecimento dos artistas alemães Lenz, Wueger e Sequenz. Os dois primeiros entraram mais tarde na Ordem Beneditina e, com os nomes de Padre Desidério e Padre Gabriel, foram os fundadores da célebre Escola de Arte de Beuron, na Alemanha.

Em ocasiões especiais, o quadro voltava ao altar-mor. Desde o dia 19 de março de 1871 permanece sempre lá. Entrementes fora construído um altar-mor novo, de mármore de várias cores, com preciosas esculturas em madeira nele encastoadas, representando a Última Ceia e os mistérios do Rosário, obra do artista tirolês Stolz.

No dia 23 de junho de 1867 foi celebrada uma festa, única na acepção da palavra. Nesse dia, um domingo, o quadro foi solenemente coroado, por delegação do cabido do Vaticano, a quem cabe, desde séculos, este direito. No dia seguinte, foi mais uma vez levado pelas ruas daquele bairro, em grandiosa procissão. Esse fato impressionou ainda mais pela presença, em Roma, naqueles dias, de mais de 500 Bispos e de milhares de peregrinos estrangeiros por ocasião do décimo oitavo centenário da morte de São Pedro.

Há 150 anos a Madonna del Perpetuo Soccorso se encontra na igreja de Santo Afonso em Roma e, como um ímã, atrai os corações. Sempre que a igreja esteja aberta, nunca faltam devotos. Muitos chegam a dizer que em toda a cidade de Roma não se encontra lugar melhor para rezar do que esse. Um membro do cabido de catedral de importante diocese da Alemanha disse um dia: "Neste recinto há qualquer coisa que não é deste mundo!" Uma santa atmosfera de oração parece ter baixado sobre esse templo e, como prova de que lá não se reza em vão, aí estão os numerosos ex-votos que a gratidão dos fiéis depositou junto ao trono de graças de Maria Santíssima.

Os Redentoristas, os filhos espirituais do grande devoto de Nossa Senhora, Santo Afonso Maria de Ligório, os guardiães do quadro milagroso de Nossa Senhora do Perpétuo Socorro, desde 26 de abril de 1866, não deixam passar nenhum dia sem fazer qualquer devoção especial diante do quadro: recitação do Santo Rosário, o canto da ladainha lauretana, alguma oração especial ou a bênção do Santíssimo Sacramento. Solenemente são celebradas as festas da Imaculada Conceição, 8 de dezembro, e a Festa própria de Nossa Senhora do Perpétuo Socorro, no dia 27 de junho. Todos os dias grande número de Missionários Redentoristas da Casa Generalícia e da Academia Afonsiana concelebram diante do quadro milagroso e muitos sacerdotes que visitam Nossa Senhora do Perpétuo Socorro, fazem questão de lá celebrarem a Eucaristia.

E não são apenas os romanos que gostam de visitar a pequena igreja de Santo Afonso. Visitam-na também os peregrinos que vão a Roma. Entre esses, sobressaem especialmente os de língua alemã. Aos poucos, tornou-se costume de os guias dos diversos grupos levarem seus peregrinos também à Mãe do Perpétuo Socorro, para explicar-lhes brevemente o quadro e convidá-los a cantar e rezar diante dele. E, quando no santuário romano ecoam os belos cantos alemães, os filhos do Sul se põem a escutar com prazer e devoção.

O Pe. Clemente Fuhl, Superior-Geral dos Agostinianos, que morreu no dia 31 de março de 1935, com fama de santidade, disse um dia: "Eu me alegro de todo o coração pelo fato de os Redentoristas possuírem o quadro milagroso do Perpétuo Socorro, porque, quando estava conosco, certamente não era tão venerado como agora". Essas palavras são certamente mais uma prova da virtude desse religioso. Se a devoção a esse venerável quadro teve tamanha divulgação desde 1866, deve-se isto em primeiro lugar não à divulgação por parte dos redentoristas, mas à ação divina, por isso, nós, redentoristas, dizemos com o salmista: "Não a nós, Senhor, não a nós, mas ao vosso nome dai a glória!" (Sl 113,9).

Decorrido quase século e meio desde a volta do quadro mais conhecido do mundo ao Esquilino, em Roma, fazia-se necessária uma restauração do mesmo. Em 1994 ele foi examinado no Laboratório de Investigação Científica do Vaticano, utilizando as modernas técnicas de análise: raios X, infravermelhos, ultravioletas, processo do carbono 14 etc. O trabalho de restauração foi encaminhado ao professor Maurizio de Luca, responsável pela Restauração do Museu Vaticano. Com o trabalho de restauração, procurou-se corrigir as rachaduras da madeira e também os buracos abertos por pregos que lhe foram fixados ao longo da história. Trata-se de uma restauração no sentido real de deixar o quadro como é e não no sentido de se criar uma imagem e pintura novas. Outros técnicos, que não participaram da restauração, analisaram o trabalho realizado e o confirmaram como perfeito.

Com esse trabalho de restauração, aparece uma nova teoria a respeito da idade do quadro. Os resultados das análises com o carbono 14 situam a madeira do mesmo entre o século XIV e XV (1325-1480), portanto muito mais antiga do que se imaginava. Por outro lado, a análise artística tende a situar o quadro numa época mais recente, em torno do século XVIII. É atribuído à escola de Creta que, mesmo sendo basicamente oriental, sofreu a influência italiana já que Creta esteve por algum tempo sob o poder dos venezianos. Se os quadros orientais tradicionais não costumavam retratar as pessoas com traços muito realistas, o renascimento italiano tratou de os "humanizar" o mais possível. A isso se deve que tenhamos um quadro que é basicamente oriental em sua composição, com um toque de influência italiana, especialmente nos rostos – uma feliz mistura do oriental e do ocidental, o que pode explicar a atração universal que exerce.

Como conciliar, pois, três fatores aparentemente contraditórios: a madeira que data dos séculos XIII-XIV, os documentos que nos falam da tradição de que foi trazido de Creta a Roma em 1499 e a análise artística que tende a considerar o Quadro como pertencente ao século XVIII? É possível que estejamos diante de uma cópia única, feita no século XVIII, de um Quadro muito venerado do século XIV. Surpreendentemente, as análises não revelam nenhuma imagem mais antiga debaixo da atual, como antes se suspeitava. Esse fato levou à teoria de que, quando as cores do antigo quadro começaram a ficar fracas, meio apagadas, decidiu-se, por veneração ao "original", copiá-lo na parte posterior da mesma madeira. Por isso, o que nós hoje consideramos o quadro "original" é, provavelmente, só uma cópia do quadro muito mais antigo, feito na mesma madeira.

Renovação da Devoção

Com essas descobertas, nada se modifica no contexto devocional. Foi esse o quadro confiado por Pio IX aos redentoristas e é esse o quadro venerado em todo o mundo. No dia 30 de junho de 1991, João Paulo II (segundo Papa a visitar a igreja de Santo Afonso) estimulou os redentoristas a renovarem a devoção à Santíssima Virgem do Perpétuo Socorro. O Papa concluiu suas palavras em forma de oração: "Como o Menino Jesus que admiramos no venerando Quadro, também nós queremos apertar vossa mão direita. Não vos faltam nem poder nem bondade para nos socorrer em todas as nossas necessidades e misérias. A hora atual é a vossa hora! Vinde, pois, em nossa ajuda, ó Mãe do Perpétuo Socorro; sede para nós refúgio e esperança! Amém!"

No encontro com os Redentoristas, o Papa João Paulo II, falando sem texto preparado, manifestou sua pessoal devoção a esta imagem: "Agora quero voltar atrás, aos anos de minha juventude, quando durante a guerra e a ocupação nazista de Cracóvia, eu trabalhava numa fábrica. Muitas vezes de tarde, voltando para casa, visitava vossa igreja de Cracóvia..., onde se encontra um quadro de Nossa Senhora do Perpétuo Socorro. Eu parava ali muitas vezes, pois ficava entre a fábrica e minha casa. Não só por esse motivo, mas também porque era um lugar de muita devoção e o quadro era bonito. Essa experiência ficou em minha memória por toda a vida... Por isso, vindo hoje aqui, relembro meu passado, os dias de minha juventude. Por isso quero agradecer a Nossa Senhora do Perpétuo Socorro que sempre se demonstrou um 'perpétuo socorro' para mim, nos momentos difíceis, e, quero frisar, em momentos muito difíceis".

7 Significado do quadro

1. *Abreviação grega* de "Mãe de Deus".

2. *Estrela* no véu de Maria, a Estrela que nos guia no mar da vida até o porto da salvação.

3. *Abreviatura* de "Arcanjo São Miguel".

4. *Abreviatura* de "Arcanjo São Gabriel".

5. *São Miguel* apresenta a lança, a vara com a esponja e o cálice da amargura.

6. *A boca de Maria* pequenina, para guardar silêncio e evitar as palavras inúteis.

7. *São Gabriel* com a cruz e os cravos, instrumentos da morte de Jesus.

8. *Os olhos de Maria,* grandes, voltados sempre para nós, a fim de ver todas as nossas necessidades.

9. *Túnica vermelha*, distintivo das virgens no tempo de Nossas Senhora.

10. *Abreviação* de "Jesus Cristo".

11. *As mãos de Jesus* apoiadas na mão de Maria, significando que por ela nos vêm todas as graças.

12. *Manto azul*, emblema das mães daquela época. Maria é a Virgem-Mãe de Deus.

13. *A mão esquerda de Maria* sustentando Jesus: a mão do consolo que Maria estende a todos que a ela recorrem nas lutas da vida.

14. *A sandália desatada* – símbolo talvez de um pecador preso ainda a Jesus por um fio – o último – a Devoção a Nossa Senhora!

OBS: Confira detalhes das cores na imagem que está na contracapa deste livro.

O fundo todo do quadro é de ouro, e dele esplendem reflexos cambiantes, matizando as roupas e simbolizando a glória do paraíso para onde iremos, levados pelo perpétuo socorro de Maria.

O olhar de Nossa Senhrora do Perpétuo Socorro não se dirige ao menino, mas a nós, num apelo para evitarmos o pecado, causa do susto e da morte de Jesus.

As mãos do menino estão nas mãos de Maria, para lembrar que ela é a Medianeira de todas as graças.

E o que significam as letras vermelhas que se destacam daquele fundo dourado?

São letras gregas que, de forma abreviada, identificam as pessoas. Em nome de Jesus Cristo, constam em cada palavra a primeira e a última letra das palavras correspondentes em grego: "Iesous Christós".

À altura da cabeça de Nossa Senhora vemos, igualmente abreviadas, as duas palavras que são o resumo de toda a sua grandeza: "Méter Theou" (Mãe de Deus).

Para identificar os dois arcanjos, o pintor se contentou com as duas letras iniciais e escreveu acima do que fica à esquerda: "Hó Archángelos Michaél" (O Arcanjo Miguel) e, acima do outro: "Hó Archángelos Gabriél" (O Arcanjo Gabriel).

A túnica e o manto de Nossa Senhora têm gregas como enfeite; sobre o peito vê-se uma espécie de broche, e a gola larga que ela usa termina, sobre o braço direito, em franjas. As linhas douradas sobre as vestes de Nossa Senhora e do Menino Jesus criam uma atmosfera solene e, com relação a Maria, lembram a palavra do salmista: "À vossa direita se encontra a rainha, com veste esplendente de ouro" (Sl 44,10).

Digno de nota é também o harmonioso jogo de cores. Como combinam bem, nas vestes do Menino Jesus, o verde da túnica, o carmim da faixa e o marrom claro do manto – tudo coberto de filetes de ouro! Nossa Senhora, por sua vez, veste uma túnica vermelha, distintivo das virgens naquele tempo, e um amplo manto azul escuro, forrado de verde, uma espécie de rede. Tudo isto lhe confere, ao mesmo tempo, um ar de modéstia e de majestade. Nos dois arcanjos as cores das vestes são o roxo e o verde, que combinam maravilhosamente.

A técnica empregada na pintura do quadro foi a assim chamada "pintura à têmpera", feita com pigmentos dissolvidos num adstringente, como cola ou clara de ovo. Não é, pois, pintura a óleo, como às vezes se tem afirmado.

O tamanho do quadro é de 53x41,5 cm e a base é de nogueira[1]. Vejamos mais precisamente a simbologia do mesmo.

No Oriente, a arte cristã serve-se da linguagem simbólica muito mais que no Ocidente. Justifica-se, pois, acrescentar ao sentido imediato e óbvio desse expoente da arte bizantina uma tentativa de interpretação simbólica.

A Mãe de Deus – pois ela é, nesse quadro, a figura principal – aparece cheia de majestade, destacada ainda mais pelo fundo dourado, e sobre sua cabeça brilha uma estrela de oito raios, a mesma estrela que encontramos no célebre quadro da Mãe de Deus de Vladimir, na catacumba de Santa Priscila (séc. 2) e no ainda mais célebre mosaico do arco de triunfo em Santa Maria Maior (séc. 5). Assim ela aparece como "a porta do céu, sempre aberta" e "a Estrela do Mar", na expressão do hino "Alma Redemptoris Mater". Pois, o vidente de Patmos viu a Jerusalém celeste como uma cidade feita de ouro puro (Ap 21,18), e Santo Tomás de Aquino †1274) escreve em sua explicação da saudação angélica: "Como os navegantes são conduzidos ao porto pela estrela do mar, assim os cristãos são levados por Maria à glória do Céu". Já muito antes dele, S. Cirilo de Alexandria (†444) dirigia-se a Nossa Senhora, dizendo: "Por ti apareceu a verdadeira Luz, o Filho Unigênito de Deus, àqueles que estavam sentados nas trevas e na sombra da morte. Por ti vaticinaram os profetas. Por ti os Apóstolos anunciaram a salvação aos povos... Quem, neste mundo, seria capaz de louvar-te condignamente, ó Maria, Virgem e Mãe[2]?"

A mão direita de Nossa Senhora, estendida em direção ao Menino Jesus, representa, na arte oriental, sua intercessão junto a seu divino Filho. Que esta intercessão seja tão poderosa, ela o deve tanto à sua posição de Mãe de Deus, como à sua íntima participação na Paixão e Morte de seu Filho. Ambas as coisas vêm expressas em nosso quadro.

As duas mãozinhas do Menino Jesus seguram a mão direita de Nossa Senhora. Dizem os orientais que isto significa exatamente a união de Maria com Cristo em sua obra redentora. Cristo é o novo Adão, o único Mediador da justiça, o único Redentor do gênero humano no pleno sentido da palavra. Maria é a nova Eva, a Mãe espiritual de todos os remidos, a Medianeira por graça de Deus, a Corredentora.

Observando-se com atenção essas três mãos, constata-se que Nossa Senhora segura a mão esquerda do Menino Jesus, deixando livre a direita. É que, na linguagem simbólica dos antigos, a mão esquerda é a mão do Senhor que castiga, enquanto a direita abençoa e nos dispensa graça e salvação. Assim o piedoso pintor parece repetir a passagem do hino "Ave, Maris Stella":
"Os males de nós afastai,
Todo bem nos alcançai!"

O olhar de Nossa Senhora, sempre voltado para o espectador (faça a experiência!), lembra as palavras da Salve, Rainha: "Eia, pois, advogada nossa, esses vossos olhos misericordiosos a nós volvei!"

Um detalhe que chama a atenção de todo o mundo é a sandália que se desprende do pezinho do Menino Jesus e cai. A explicação óbvia disso já foi dada acima: o susto do Menino Jesus ao ver os instrumentos da Paixão. Entretanto, podemos também aqui procurar um sentido espiritual ou místico. No livro de Rute (4,7) lemos: "Era outrora costume em Israel, nos casos de resgate ou de sub-rogação, que o homem tirasse o seu sapato e o desse ao outro, para validade da transação; isto servia de ratificação".

Há quem veja simbolismos ainda: na boca de Maria, que é pequena, para guardar silêncio e evitar as palavras inúteis; nos olhos, que, ao contrário, são grandes e estão sempre voltados para nós, a fim de verem todas as nossas necessidades; nas mãos de Jesus, apoiadas na mão de Maria, significando que por ela nos vêm todas as graças; na sandália desatada, símbolo, talvez, de um pecador preso a Jesus por um fio – o último – a devoção a Nossa Senhora.

Poderia alguém estranhar tanto simbolismo num quadro só. Mas, não se esqueça que se trata de um "ícone". Cada traço e cada cor, presentes no ícone, têm um significado simbólico (já que o mistério, o invisível, só pode ser expresso mediante símbolos e a arte do ícone nasce da contemplação do mistério e quer levar os fiéis a essa contemplação). Os autores de ícones são pessoas contemplativas, geralmente monges ou monjas, e o trabalho é executado em profundo recolhimento, oração contemplativa e jejum.

Agora que conhecemos a história do quadro, vamos procurar conhecê-lo em si mesmo e em seus simbolismos.

Não foi só em Roma que Nossa Senhora do Perpétuo Socorro foi tão bem acolhida. Sempre que é exposto um quadro que a represente, atrai a atenção e a veneração do povo. Por que será?

Em boa parte será por causa do título que, por si só, fala ao coração, tanto mais que, conforme o exposto, ele foi escolhido pela própria Mãe de Deus; a outra parte ficará por conta do rico significado do quadro, tão rico que um dos Superiores Gerais da Congregação Redentorista, o americano Pe. Guilherme Gaudreau, qualificou-o de "síntese da mariologia".

Aparecem nele quatro figuras: Nossa Senhora, o Menino Jesus (representado com características de adulto, como exige a arte do ícone) e dois arcanjos. Essas quatro figuras estão numa harmonia perfeita e formam uma admirável unidade sobre o fundo dourado.

O Menino Jesus descansa nos braços de sua Mãe. De repente aparece-lhe um anjo, segurando, com as mãos cobertas por um véu, um vaso com vinagre e uma lança. Assustado, o Menino Jesus desvia os olhos, mas vê um segundo anjo, com instrumentos de martírio ainda mais aterradores: uma cruz e quatro cravos. Diante disso, o que faz ele? Como toda criança, recorre à mãe. À procura de socorro, agarra com ambas as mãozinhas a mão direita dela. Ao mesmo tempo, os pés do menino executam um movimento brusco, característico de quem leva um grande susto; nisto, o pé direito cruza pelo esquerdo e bate nele com tanta força que a correia da sandália se rompe e esta acaba caindo.

Uma onda inexprimível de sofrimento interior vai dos instrumentos da Paixão que os anjos apresentam ao Deus-homem, em forma de menino, para, de lá, dirigir-se ao coração de sua Mãe virginal, coração que bate em uníssono com o coração de seu filho.

Notas:
[1] C. Henze, *o.c.*
[2] Migne, PG 77, 992.

8 Uma nova devoção?

A devoção e o culto a Nossa Senhora do Perpétuo Socorro não têm a pretensão de ser algo novo, mas apenas a restauração de um culto e uma devoção que eram prestados à Santíssima Virgem, sob esse título, na antiga igreja de São Mateus. Assim mesmo, ao analisar mais de perto os elementos concretos dessa devoção original, fica-se um tanto surpreso com seu conteúdo. Tudo se reduz à veneração de um quadro do qual se sabe relativamente pouca coisa.

Nada se sabia de seu culto litúrgico, das orações dos fiéis, das formas e das manifestações de sua antiga devoção. Apenas havia o mistério de um monumento mariano que inexplicavelmente caíra no esquecimento. Era, por isso, natural que, quando se teve notícia do mesmo, ainda mais de um modo bastante maravilhoso, surgisse uma atitude de reverência sagrada, vendo-se no quadro um sinal providencial de Deus e da Santíssima Virgem no meio das dificuldades pelas quais passava a Igreja[1].

No início da restauração oficial do culto até 1876, o ofício e a missa de Nossa Senhora do Perpétuo Socorro eram os mesmos de Nossa Senhora do Socorro. Por necessidade e talvez pela própria prática agostiniana, a devoção que agora voltava a adquirir um esplendor nunca visto combinava com a devoção tradicional a Nossa Senhora do Socorro. Mas, quem examinar as orações extralitúrgicas em honra de Nossa Senhora do Perpétuo Socorro encontrará uma diferença substancial entre essas devoções.

Tudo indica que a devoção geral ao Socorro de Maria não era conhecida pelos instauradores do culto na igreja do Santíssimo Redentor e Santo Afonso. Por isso é compreensível que eles se fixassem no título do quadro milagroso e, ao procurarem formar uma espiritualidade mariana em torno do mesmo, como Redentoristas, seguissem a Santo Afonso quase ao pé da letra. Porque, como se dizia, ao explicar o título da Arquiconfraria (que ainda iremos conhecer), "sob o título e a invocação da Bem-Aventurada Virgem Maria do Perpétuo Socorro e de Santo Afonso", "ao nome de Maria se acrescentou o de Santo Afonso, em primeiro lugar porque a veneração desta prodigiosa imagem da Mãe de Deus acontece na igreja deste santo; depois, porque é justo que os filhos promovam a honra do pai; e, finalmente, porque não há nada que inflame tanto os devotos de Maria no amor desta boa Mãe como o servir-se, nesta escola de piedade, dos ensinamentos de tão grande Mestre, extraordinário no amor, no culto e na veneração da Rainha do céu[2]".

Orações novas fixam-se fundamentalmente na ideia do "socorro perpétuo" ou recorrem às orações de Santo Afonso.

Era o começo de uma devoção nova, baseada fundamentalmente numa imagem particular, num título próprio e numa espiritualidade mariana peculiar. Se, pois, se começou unindo esta devoção à devoção geral de Nossa Senhora do Socorro, tomando emprestados a esta o ofício, a Missa e as primeiras orações, passou-se depois a insistir no título particular e na iconografia concreta, com orações próprias, com uma exposição teológica que prescindia do passado real. Nesse ambiente se foram difundindo, de maneira extraordinária, o culto e a devoção, e se acabou mudando o título litúrgico, a data da celebração da festa, a missa e o ofício próprios... Tínhamos uma nova devoção mariana!

Características próprias da nova devoção

Não é possível imaginar hoje, e mesmo já desde 1866, a devoção a Nossa Senhora do Perpétuo Socorro sem pensar, ao mesmo tempo, no quadro milagroso venerado em Roma. Isso significa que essa devoção supõe uma forma iconográfica fixa, na qual se concentra a veneração especial a um atributo de Maria. Assim, chegou-se a escrever, de maneira exagerada, falando do quadro de Nossa Senhora do Perpétuo Socorro: "O culto da Bem-Aventurada Virgem do Perpétuo Socorro, de fato, não se estende a um mistério da vida da Mãe de Deus, nem a um título da mesma Virgem Mãe. A veneração tem por objeto a própria imagem exposta em Roma, em nossa igreja de Santo Afonso, ou suas reproduções[3]".

Ainda que as devoções sempre tenham por objeto atributos ou mistérios das pessoas santas que se veneram, a representação iconográfica do mesmo atributo pode desempenhar um papel mais ou menos importante, unida, sobretudo, ao título. Nunca se reduz o objeto da devoção à imagem mesma (seria uma devoção falsa); mas, na devoção a Nossa Senhora do Perpétuo Socorro, o quadro tem uma importância decisiva na definição da mesma devoção; é ele o símbolo da Mãe que Cristo nos deu e que está sempre disposta a socorrer-nos a todo instante. Por isso, quando o veneramos com um culto especial, veneramos a Bem-aventurada Virgem, Mãe do Perpétuo Socorro.

A razão última dessa veneração especial do quadro está, por um lado, no modo milagroso, como se supõe, pelo qual chegou a Roma e foi restituído à veneração pública, e nos milagres que Deus por ele realiza; por outro lado, nele e em seu título, descobriu-se uma representação fiel das prerrogativas marianas mais importantes: maternidade divina, corredenção, mediação universal.

Coisa semelhante ao que dissemos do quadro podemos dizer do título: Perpétuo Socorro. Nele, principalmente se tem visto a especificação do atributo mariano, objeto próprio desta devoção.

Existem, sem dúvida, outras invocações marianas com a ideia de "socorro", mas a devoção a Nossa Senhora do Perpétuo Socorro tem visto neste título a revelação de um atributo que as outras não têm: a doutrina da mediação universal de Maria.

Há um opúsculo, sem data, que expõe as razões por que o título de "Mãe do Perpétuo Socorro" deveria ser incluído nas Ladainhas Lauretanas e cujo autor se apoia na doutrina mariana de Leão XIII, em sua Carta Encíclica "Octobri mense" de 22 de setembro de 1891, ressaltando as passagens que se referem à mediação universal de Maria, afirmando que "assim como ninguém pode chegar ao Pai Soberano, senão pelo Filho, do mesmo modo ninguém pode chegar a Cristo, senão pela Mãe".

Daí conclui o autor do referido opúsculo: "Esta doutrina da mediação universal de Maria, de que todas as graças nos vêm por seu intermédio, é o fundamento natural, espontâneo que supõe nosso constante recurso a seu perpétuo auxílio, e daí brotou também o título de Perpétuo Socorro. Pois, se Deus não nos dispensa graça alguma senão por meio de Maria, esta Mãe de Cristo e nossa Mãe, por disposição providencial de Deus, pode e deve socorrer-nos perpetuamente em todas as circunstâncias da vida, e de fato nos socorre, de tal sorte que, com sua intercessão, conseguimos todas as graças de que precisamos para nossa eterna salvação".

E, como Deus dispôs que, para conseguirmos estas graças, as devemos pedir, a ela sempre devemos recorrer.

Depois o autor continua expondo como não existe nenhuma outra invocação nas ladainhas lauretanas que exprima tão bem este atributo de Maria como a invocação "Mãe do Perpétuo Socorro".

Os outros títulos que exprimem a ideia de socorro referem-se mais à ação extraordinária de Maria Santíssima em determinados momentos da economia da Redenção (Mãe da Divina Graça), da vida da Igreja Universal (Auxílio dos Cristãos) e de seus devotos em particular. Mas nenhum título expressa como este o atributo de Maria de estar disposta a socorrer-nos em todas as circunstâncias da vida, de tal maneira que nós nos sintamos impelidos a colocar tudo em suas mãos[4].

Notas:

[1] C. Henze, *Mater de Perpetuo Succursu.*

[2] *Beata Virgo Maria de Perpetuo Succursu* – Roma, 1876.

[3] P. Meerschaut: *De imaginibus BMV de Perpetuo Succursu* – Analecta, C.Ss.R.

[4] F. Ferrero, *o.c.*

Difusão da devoção a Nossa Senhora do Perpétuo Socorro

9

Tendo o quadro milagroso sido entregue à igreja de Santo Afonso, junto à casa generalícia dos redentoristas, era natural que estes se interessassem pela nova devoção e pela difusão da mesma, mundo afora. E eles o fizeram.

No dia 3 de janeiro de 1875, o Superior-Geral da Congregação, Pe. Nicolau Mauron, expediu uma circular, em que dizia não ter dúvida de que foi Santo Afonso que, com sua poderosa intercessão junto ao trono de Deus, conseguiu esse tesouro, mais precioso que ouro e pedras preciosas, para seus filhos. A Mãe de Deus sem pecado concebida, a Padroeira Principal da Congregação, seria o constante auxílio de todos os seus membros, quando fosse invocada com o título de Perpétuo Socorro. "De minha parte – continuou ele – como quero atestar para louvor desta Mãe muito querida, não poucas vezes experimentei seu socorro todo especial em assuntos difíceis e em várias situações embaraçosas. Recomendai então, também vós, todos os vossos cuidados a esta queridíssima Mãe do Perpétuo Socorro e não deixeis de comunicar também a outros a mesma confiança salutar e o mesmo amor."

A resposta a esse apelo foi unifrme e entusiasta.

A igreja de Santo Afonso com a Casa Generalícia dos Redentoristas, em Roma, tornou-se o centro de difusão da nova devoção.

Um dos meios foi a confecção e remessa de cópias autênticas e autenticadas do quadro original. Desde 1866, começou-se a enviar tais cópias a todas as partes do mundo.

Dom Guilherme Emanuel von Ketteler, o célebre Bispo de Mogúncia, na Alemanha, achava que, ao voltar do Concílio Vaticano I, não podia levar aos seus diocesanos presente melhor do que uma dessas cópias autênticas de nosso quadro. No dia 21 de agosto de 1871, entronizou-o solenemente na catedral, depois de havê-lo explicado aos fiéis em carta pastoral. Nessa ele escrevia:

"Ao restabelecimento do culto do quadro de Nossa Senhora do Perpétuo Socorro associou-se progressivamente um piedosíssimo costume que parece indicar que do Perpétuo Socorro de Maria participam não só os que em Roma oram ao pé do seu altar, mas também os outros; e assim os devotos peregrinos procuram cópias autênticas, tanto para se lembrar das graças recebidas, como para levá-las para sua pátria. Esses quadros, bentos pelo Papa, são depois expostos em capelas particulares e em igrejas públicas de todas as partes do mundo; e, onde quer que seja venerada, esta querida Mãe renova as graças que em Roma costuma dispensar a seus devotos. Por isso despertou nos fiéis extraordinária devoção e maravilhosa confiança na poderosa intercessão da grande Mãe de Deus em meio a todas as necessidades; por isso são obtidas graças semelhantes às obtidas em Roma. Já se pode dizer que, dentro de pouco tempo, não haverá povoado em que não esteja exposta a venerável efígie da Madonna do Perpétuo Socorro. O que de melhor que um quadro da Virgem do Perpétuo Socorro eu teria podido trazer-vos, a vós, que tanto amais a Santíssima Virgem[1]?"

A previsão desse eminente Prelado de que a efígie de Nossa Senhora do Perpétuo Socorro, em breve, estaria presente em toda parte do mundo realizou-se além das expectativas e hoje se acham espalhados, aos milhões: estampas e quadros autênticos, cartões, santinhos, medalhas, flâmulas, medalhões, adesivos, chaveiros etc., assim que se pode afirmar, sem medo de errar, que o título de "Perpétuo Socorro" é hoje a representação mais difundida entre todas as representações de Nossa Senhora.

Logo surgiram igrejas dedicadas a Nossa Senhora do Perpétuo Socorro: nem dois anos haviam decorrido desde a transladação do quadro milagroso para a igreja de Santo Afonso em Roma e já os redentoristas do Norte da Alemanha iniciaram, na cidade de Bochum, a construção de uma grande igreja que iria ter por Padroeira Nossa Senhora do Perpétuo Socorro.

No mesmo ano de 1868, os filhos espirituais de Santo Afonso começaram a construção de igrejas e conventos em outros lugares e que teriam a mesma Padroeira: em Riedisheim, na Alsácia; em Roeselare (Roulers), na Bélgica; e em Roosendaal, na Holanda. Em todos esses lugares começou a florescer intensa vida cristã: em Perth, na Escócia; em Paris, na França; em Viena, na Áustria; em Cham, na Baviera (Alemanha); em Cracóvia, na Polônia; em Madri, na Espanha; em Colônia, na Alemanha; em Yorkton, no Canadá; em toda parte surgiram igrejas com esse título. Nos Estados Unidos da América do Norte, em 1952, já havia perto de cem igrejas dedicadas a Nossa Senhora do Perpétuo Socorro, incluídas entre elas as catedrais de Savannah e Oklahoma. Merece destaque especial a igreja dos redentoristas em Boston. Lá Nossa Senhora ouve as preces de seus filhos muitas vezes de maneira extraordinária. Até o ano de 1884 já eram conhecidos 331 casos, bem comprovados, de doentes que tinham conseguido ajuda extraordinária diante do quadro de Nossa Senhora do Perpétuo Socorro. O grande jornal de Nova Iorque, The Herald, trouxe, em 1901, extenso artigo, no qual se lia entre outras coisas:

"Eu vi um menino que se levantou de seu lugar na igreja e se dirigiu ao altar da sala de milagres; lá ele ficou olhando atentamente para uma das prateleiras em que estava dependurada uma porção de muletas. Ele não era nenhum aleijado; seu corpo era forte e saudável, embora aparentasse mais idade do que na realidade tinha. Inclinou-se para uma prateleira na qual estava um colete de aço, daqueles que são usados por crianças com problemas de coluna. Olhou para ele com um interesse infantil e sério ao mesmo tempo, e, quando percebeu que eu o observava, com certo orgulho apontou para lá e cochichou: 'Aquele é o meu. Eu fui curado aqui no ano passado e agora eu volto muitas vezes e cada vez vou olhá-lo de perto'" (J. F. Byrne, *The Glories of Marie in Boston*, p. 314).

No México, os redentoristas mal haviam começado a construção de uma grande igreja em louvor de Nossa Senhora do Perpétuo Socorro, em Torreón, quando rompeu a terrível perseguição religiosa sob o governo do presidente Calles. A conclusão da igreja, apesar de tudo, foi considerada um verdadeiro milagre. Outro fato notável: nessa igreja um ou outro padre sempre pôde exercer o ministério, enquanto todos os outros padres foram expulsos da cidade que contava então 70.000 habitantes.

No Chile, esse título é popularíssimo. Estão aí a atestá-lo a grande igreja dos redentoristas em Valparaíso e a Basílica de Nossa Senhora do Perpétuo Socorro, em Santiago.

Na Argentina, destaca-se, em Rosário, a grande igreja redentorista como centro de intenso trabalho paroquial e eficiente irradiação missionária.

O Uruguai possui, em Montevidéu, um maravilhoso santuário de Nossa Senhora do Perpétuo Socorro. A elegante igreja, com suas duas torres, é o símbolo da cidade e é visível desde o porto marítimo. O quadro foi colocado, em 1890, no altar-mor da igreja provisória. Por essa ocasião, o pregador oficial, Pe. Mariano Soler, mais tarde Arcebispo, disse ter assistido em Roma, no dia 23 de junho de 1867, à solene coroação do quadro original e que desde essa época tinha o desejo de ter uma cópia fiel do mesmo em sua pátria e que, com isso, seu desejo estava satisfeito.

Na Colômbia, Nossa Senhora do Perpétuo Socorro era conhecida antes de os redentoristas lá chegarem, em 1884. Com a chegada deles, a devoção difundiu-se rapidamente. Foi fundada a Confraria, foram feitas novenas e celebradas festas.

Nossa Senhora do Perpétuo Socorro foi proclamada Padroeira das missões populares; foram largamente espalhados entre o povo quadros, medalhas e estátuas; proferiram-se sermões e homilias, que depois foram publicados com artigos sobre o mesmo assunto. O quadro foi entronizado em muitos lares colombianos.

A Legião de Maria contribuiu muito para a propaganda da devoção de Nossa Senhora do Perpétuo Socorro na Colômbia.

Na Venezuela, N. Sra. do Perpétuo Socorro é muito venerada, tanto assim que em 1988 foi oficialmente nomeada "Patrona de Sanidad Militar para las Fuerzas Armadas de Venezuela", como informa o Pe. Emílio Lage Martinez.

No Santuário de Coromoto, em Caracas, as devoções da Arquiconfraria são celebradas cada terceiro domingo do mês.

Em 25 de outubro de 1883, chegaram à Argentina os primeiros redentoristas, já levando consigo um quadro de Nossa Senhora do Perpétuo Socorro. Instalaram-se junto à capela de Nossa Senhora das Vitórias. Poucos meses depois, já se inaugurava nessa capela o culto público à Mãe de Deus, sob o título de "Perpétuo Socorro". Pouco a pouco, os redentoristas iniciaram a pregação de missões, fazendo então intensa propaganda da nova devoção.

Em todas as paróquias e igrejas redentoristas do país é feita a Novena Perpétua todas as quartas-feiras, com regular concurso de fiéis.

Em 1983, por ocasião do centenário da chegada dos redentoristas à Argentina, foi entronizado pelo Cardeal redentorista, D. Clemente Maurer, Arcebispo de Sucre, na Bolívia, um belíssimo quadro de N. Sra. do Perpétuo Socorro na cripta da Basílica de N. Sra. de Luján, Padroeira da República Argentina.

E o Brasil? Quando é que chegou até aqui a devoção a N. Sra. do Perpétuo Socorro?

Eis uma pergunta para a qual não achei resposta, apesar de todo o meu esforço e todos os pedidos de informação.

Sabia eu, havia muito, que no Nordeste ela era muito conhecida. Um dia, quando eu era pároco da paróquia de Nossa Senhora da Penha da França, na capital paulista, fui procurado por uma senhora de idade, cearense, de condição humilde, que me contou que estava com câncer, esperando a morte, mas que queria morrer em sua terra natal, o Ceará. Como não tinha dinheiro suficiente para a viagem, pedia-me uma ajuda. Fiquei com muita pena e ajudei, mas também aproveitei para perguntar-lhe a respeito da devoção a N. Sra. do Perpétuo Socorro no Nordeste e, para surpresa minha, ao mesmo tempo que confirmava ser forte essa devoção por lá, abriu sua surrada bolsa e dela tirou um pequeno quadro de N. Sra. do Perpétuo Socorro, com vidro, moldura e tudo, dizendo: "Isto é lembrança de minha falecida avó; este quadrinho me acompanha sempre".

Isso se deu lá por 1953. A referida senhora devia ter, na ocasião, uns 70 anos presumíveis. O quadrinho era lembrança da avó dela... Daí concluí que a devoção a N. Sra. do Perpétuo Socorro já era conhecida no Brasil muito antes de os redentoristas, os guardiães do quadro milagroso, aportarem por estas plagas e, até mesmo, antes de o quadro ser entregue a eles pelo Papa Pio IX, em 1866. Quem, em boa hora, a teria introduzido? Os franciscanos, os carmelitas, os agostinianos? Deus é que sabe. O certo é que os redentoristas só vieram para o Brasil, para ficar, em 1893.

Também no Sul do país essa devoção precedeu a chegada dos redentoristas, só que aí se sabe de onde veio.

No dia 8 de setembro de 1927, o Pe. José Francisco Wand, Superior da casa redentorista de Cachoeira-RS, hoje Cachoeira do Sul, escrevia ao Superior-Geral em Roma, Pe. Patrício Murray: "Assim que for possível, queremos introduzir em nossa capela pública a Arquiconfraria de Nossa Senhora do Perpétuo Socorro, para o que o Pl. R. P. Vice-Provincial já deu entrada com os necessários requerimentos. N. Sra. do Perpétuo Socorro é muito conhecida e venerada no Rio Grande do Sul. A devoção veio da Argentina e do Uruguai, onde os nossos missionários da Alemanha inferior já trabalharam muito nesse sentido. Mas, em todo o Sul do Brasil não existe ainda um centro da devoção".

Evidentemente, com a chegada dos redentoristas, a devoção teve uma expansão rápida, em boa parte devido às missões populares pregadas por eles. Em diversas localidades, onde os redentoristas pregaram missões ou onde a Congregação teve ou tem alguma fundação, foram erigidas igrejas tendo como Padroeira Nossa Senhora do Perpétuo Socorro.

Na Província de São Paulo, os Redentoristas têm hoje duas igrejas dedicadas ao Perpétuo Socorro. Uma se encontra na capital paulista, no bairro do Jardim Paulistano. A igreja chama a atenção por seus murais, projetados e executados pelo famoso pintor francês, naturalizado brasileiro, professor Samson Flexor, medindo cerca de 300 metros quadrados, com 196 figuras. Quis o pintor representar a devoção a N. Sra. como Medianeira e fonte inesgotável de socorro, intimamente relacionada com a Igreja, carinhosa com a humanidade à procura de alívio para seus sofrimentos, e como Santíssima Mãe de Deus, Rainha gloriosa do céu, alvo da veneração do céu e da terra. Há Também o Santuário paróquia do Perpétuo Socorro, em São João da Boa Vista, SP.

Na Província do Rio de Janeiro, Minas e Espírito Santo, destaca-se o grande santuário de Nossa Senhora do Perpétuo Socorro, na cidade de Campos, RJ. Em Brasília, DF, na região do Lago Sul, está localizada a Paróquia do Perpétuo Socorro, uma das primeiras da Nova Capital. Ainda no centro-oeste, no bairro de Campinas, na capital Goiânia, encontra-se o tradicional Santuário Basílica de Nossa Senhora do Perpétuo Socorro.

Curitiba, PR, Campo Grande, MS, Recife, PE, Garanhuns, PE, Campina Grande, PB, Belém, PA, são algumas das outras localidades onde os redentoristas trabalham em igrejas dedicadas a Nossa Senhora do Perpétuo Socorro. Há hoje, no Brasil, um grande número de paróquias e comunidades pertencentes ao clero diocesano ou a outras ordens religiosas, que têm como Padroeira Nossa Senhora do Perpétuo Socorro.

Notas:

[1] F. Ferrero, *o.c.*

10 Devotos ilustres de Nossa Senhora do Perpétuo Socorro

O "santo do deserto", Charles de Foucauld, que passou os últimos quinze anos no deserto do Saara e que lá foi assassinado no dia 1º de dezembro de 1916, chegou em 1896, na qualidade de noviço trapista, à cidade de Roma. De lá escreveu a um colega da abadia de Staoueli: "Depois que havíamos visitado Santa Maria Maggiore, fomos à igreja de Santo Afonso, onde se encontra o quadro de Nossa Senhora do Perpétuo Socorro. Esse título fica tão bem à Santíssima Virgem! Nós, seres humanos fracos e vacilantes, precisamos tanto de sua constante ajuda! Há três anos, eu tive muitas dificuldades internas e ansiedades. Então, coloquei-me com toda a alma sob a proteção de N. Sra. do Perpétuo Socorro. Pedi-lhe que dirigisse meus passos como outrora dirigiu os passos do Menino Jesus e me guiasse em tudo, assim que não ofendesse a Deus, mas, ao contrário, consolasse o coração de Jesus, que nos vê e nos ama. Assim foi para mim um doce consolo poder, logo que cheguei, já no primeiro dia e até mesmo na primeira hora, encontrar-me diante do quadro desta querida e boa mãe. Creio desnecessário assegurar-lhe que de coração o recomendei a ela e disse repetidas vezes, por você e por mim: 'Querida Nossa Senhora do Perpétuo Socorro, dá-me teu auxílio todo-poderoso e a graça de sempre pedir esse auxílio!'"

A serva de Deus, Augustina Lenferna de Laresles (†1900), da ilha Maurício, a leste da África, fundou uma Congregação e chamou-a "Congregação das Irmãs da Misericórdia, de Nossa Senhora do Bom Socorro". Conhecia ela esta invocação, provavelmente devido ao Santuário de Blosville, perto de Ruão, na França. Aconteceu que essa Madre Fundadora, em 1869, foi a Roma e ficou conhecendo o quadro milagroso de Nossa Senhora do Perpétuo Socorro, exposto à veneração pública na igreja de Santo Afonso, na Via Merulana. Isto foi o suficiente para ela se dirigir à Santa Sé, propondo a mudança do título da Congregação para "Irmãs da Misericórdia, de N. Sra. do Bom e Perpétuo Socorro"...

O Papa Pio IX tirou o quadro milagroso do esquecimento e o devolveu à veneração pública. Desde essa época quis ter uma cópia fiel do mesmo em sua capela particular e alegrava-se sempre que outras cópias lhe eram apresentadas para serem bentas por ele, antes de serem enviadas para todas as partes do mundo. Um dia, os católicos da cidade russa de Shitomir pediram-lhe um quadro de Nossa Senhora que fosse objeto de especial veneração. Pio IX enviou-lhes um quadro de Nossa Senhora do Perpétuo Socorro. Foi ele também que elevou a "Pia União sob o título e invocação da B. V. Maria do Perpétuo Socorro e de Santo Afonso de Liguori", por meio de Letras Apostólicas em forma de Breve, a "Arquiconfraria", com a faculdade de agregar em toda parte outras associações do mesmo título e nome. De bom grado aceitou que seu nome abrisse a lista dos associados.

De Leão XII, o Superior-Geral dos Redentoristas, Pe. Matias Raus, pôde atestar que sempre teve extraordinária devoção por esse quadro e queria tê-lo sempre diante de si em sua mesa de trabalho.

São Pio X (†1914) escolheu esse quadro, artisticamente executado em mosaico, como presente para a imperatriz Taitou, da Etiópia[1].

O mesmo fez Pio XI, quando quis dar uma lembrança à imperatriz Zeoditou, também da Etiópia.

No pontificado de Pio XII, deu-se um fato único: por ocasião da canonização da bem-aventurada Maria Goretti, a mãe da mesma ainda vivia e pôde assistir à solene cerimônia, embora já velhinha e fraca. O Papa, querendo dar-lhe uma lembrança, deu-lhe igualmente um ícone de Nossa Senhora do Perpétuo Socorro.

O sábio Cardeal Pitra (†1889) foi grande venerador dessa Madonna bizantina. Em sua residência ela ocupava um lugar de honra e costumava mostrá-la a seus hóspedes com as palavras: "Esta é a dona da casa".

O Cardeal Nicolau Marini (†1923) participara, como jovem seminarista, da solene procissão que levou o quadro milagroso para a igreja de Santo Afonso e já então se afeiçoou grandemente a ele. Tinha sempre uma cópia do mesmo em sua escrivaninha. Passando diante da igreja de Santo Afonso, nunca deixava de entrar, para, depois de haver adorado o Senhor no Santíssimo Sacramento, saudar N. Sra. do Perpétuo Socorro.

Do famoso Cardeal Guilherme van Rossum (†1932) nem é preciso dizer que era devotíssimo de N. Sra. do Perpétuo Socorro, pois era redentorista. No dia de sua festa, sempre que podia, não deixava de celebrar a Eucaristia em seu altar. Grandes devotos de Nossa Sra. do Perpétuo Socorro foram também, durante toda a vida, os cardeais Mercier, da Bélgica, e Bourne, da Inglaterra.

O bispo Richard Lacy, de Middlesborough, Inglaterra (†1925) participou, como aluno do Colégio Inglês em Roma, da entrada solene de nossa Madonna na igreja de Santo Afonso em 1866 e desde aí foi devoto dela. Escreveu o prefácio do devocionário composto pelo Pe. Thomas Livius. No dia 21 de março de 1884, escreveu, de Roma, a este padre: "Depois de ter enviado ao editor meu pequeno prefácio, encaminhei-me, no dia 18, ao altar da graça de Nossa Senhora do Perpétuo Socorro, sobre o Esquilino, onde ofereci o santo sacrifício numa intenção especial. Nossa Senhora ouviu minha oração e dignou-se livrar-me milagrosamente de penas interiores que, nos últimos anos, me haviam causado muitos sofrimentos, dificultando grandemente meu trabalho. A cura foi instantânea e completa".

Já antes o mesmo bispo havia escolhido N. Sra. do Perpétuo Socorro como Padroeira de sua nova catedral e em 1883 escreveu: "Desde a época parece que desceu sobre o bispado uma bênção especial". De acordo com os desejos desse piedoso pastor, todas as igrejas e capelas do bispado possuem, em lugar de destaque, uma cópia do nosso quadro.

Seu sucessor, Joseph Cawgill, escreveu em 1929 a um padre redentorista: "O quadro de N. Sra. do Perpétuo Socorro me é muito caro. Eu tive a felicidade, há 26 anos, de rezar minha primeira missa em Roma no seu altar, e, quando vou a Roma, nunca deixo de lá celebrar novamente o santo sacrifício. É para mim uma alegria pensar que ela é a Padroeira principal do meu bispado".

No dia 6 de abril de 1934, o bispo Theophilus Matulionis, natural da Letônia, celebrou no altar de N. Sra. do Perpétuo Socorro, em Roma, uma missa de ação de graças. No meio dos terríveis sofrimentos de seu cativeiro na Rússia, sobretudo nas famigeradas ilhas de Solow, havia prometido a N. Sra. do Perpétuo Socorro rezar uma missa diante de seu quadro, se ela o libertasse daquele inferno. Naquele ano, por meio de troca de prisioneiros, obteve a liberdade[2].

Se quiséssemos enumerar todos os devotos de N. Sra. do Perpétuo Socorro entre os sacerdotes e religiosos, não terminaríamos nunca. Alguns exemplos apenas:

O pároco Guilherme Limbach, da arquidiocese de Colônia, na Alemanha, colocou uma cópia do quadro milagroso em cerca de duzentas igrejas, motivo pelo qual ele mesmo foi chistosamente apelidado de "perpétuo socorro".

Na festa da Anunciação de Nossa Senhora, em 1875, o barão escocês David Osvald Hunter-Blair fez em Roma, diante do quadro milagroso, profissão de fé católica. Mais tarde, entrou na ordem dos beneditinos e chegou a ser eleito abade. Com a idade de 83 anos, foi expressamente a Roma para celebrar, no mesmo santuário, o sexagésimo aniversário de sua conversão.

Outro convertido inglês, Henly, que tinha sido pastor protestante, rezou missa no mesmo santuário, no dia 5 de abril de 1937, para comemorar o 25º aniversário de sua conversão, que ele atribuía a N. Sra. do Perpétuo Socorro.

Extraordinariamente contribuíram para a propagação da devoção a N. Sra. do Perpétuo Socorro os superiores gerais da Congregação Redentorista: o suíço Pe. Nicolau Mauron (1855-1893), o luxemburguês Pe. Matias Raus (1894-1909) e o irlandês Pe. Patrício Murray (1909-1947). Não se cansavam de lembrar a seus confrades de todo o mundo a recomendação de Pio IX: "Cuidai que a Madonna do Perpétuo Socorro seja conhecida e venerada, pois esta Virgem tem de salvar o mundo[3]!" O exemplo desses Superiores Gerais foi seguido por todos os seus sucessores.

O Beato mártir ucraniano Nicolau Czarneckyi, primeiro bispo redentorista de rito oriental, foi ordenado bispo diante do quadro milagroso e, desde essa época, passou a empenhar-se na união da Igreja ortodoxa com a Igreja católica. Em ocasiões solenes trazia sobre o peito um medalhão (*encolpion*, entre os ucraínos também chamado *panhagia*) com a efígie de N. Sra. do Perpétuo Socorro, que se presta admiravelmente para significar a união entre as duas igrejas. Disse um dia o Papa João XXIII: "A melhor esperança de uma reconciliação entre ortodoxos e católicos é o amor comum à Mãe de Deus".

Igualmente seria sem-fim a lista dos leigos devotos de N. Sra. do Perpétuo Socorro, caso os quiséssemos enumerar todos. Apenas alguns exemplos:

A condessa Leonie Radziwill ajoelhava, no dia 26 de outubro de 1868, com seu filho, o Pe. Edmundo Maria, na igreja dos redentoristas em Tréveris, na Alemanha, diante do quadro da Mãe do Perpétuo Socorro, colocado lá solenemente no dia anterior. Fazia tempo que o padre sofria de grave mal psíquico e não tinha mais coragem de celebrar a santa missa. Lá, às 11 horas da manhã – é ele mesmo quem conta –, foi atingido por um raio que partia do olhar misericordioso de Nossa Senhora e que transformou seu sofrimento e sua angústia em consolação e alegria. Mais tarde, tornou-se monge beneditino.

O famoso escritor Teodoro de la Rive, de Genebra, na Suíça, renunciou, no dia 24 de março de 1880, diante do quadro em Roma, ao calvinismo.

Mas Nossa Senhora do Perpétuo Socorro não conquistou apenas os corações de pessoas ilustres; conquistou os corações de inúmeras pessoas de todas as classes sociais e a todas envolve em seus cuidados de mãe. A todos que a ela recorrem atende com solicitude, em todas as suas angústias e precisões. E não deixam de acontecer fatos extraordinários. Vejamos o que aconteceu, na cidade de Ponta Grossa, no Estado do Paraná.

A senhora Mirley Martins Maia, esposa do senhor Luís Fernando Maia, devota de Nossa Senhora do Perpétuo Socorro e assídua frequentadora das novenas celebradas em sua honra na Igreja matriz de São José, estava esperando seu segundo filho. Tomou todas as providências para que ele nascesse forte e sadio. No dia 8 de janeiro, fez ultrassom: estava tudo bem e o nascimento foi previsto entre os dias 5 e 10 de abril.

No dia 11 de janeiro, nasceu a criança, prematura, com peso de um quilo e cem gramas, trinta e nove centímetros de altura e três centímetros de perímetro cefálico. Foi levada diretamente para a incubadora, com chance de sobrevivência, avaliada pelo médico, de apenas 30%. Tinha constantes crises de apneia, ficando até 12 minutos sem respirar. Ficava toda roxinha. Na madrugada de 22 de janeiro, a criança passou muito mal. Às 5 horas, teve mais uma apneia, e a enfermeira constatou o óbito, enviando-a ao necrotério.

Dona Mirley, uma vez que não pudera fazer nada em favor da criança, a não ser vê-la por meio de uma janelinha, depois de alguns dias, tinha deixado no hospital o número de seu telefone e fora para casa.

Assim que a criança foi dada como morta, a enfermeira quis comunicar-se com a mãe, mas não encontrou o número do telefone. Só o achou às 9 horas e 25 minutos da manhã, transmitindo então a triste, mas já prevista notícia. Dentro de 20 minutos, Dona Mirley, acompanhada pelo marido e por uma de suas irmãs, entrava no hospital. Pensava consigo: "Que pena que não pude abraçar meu filhinho enquanto estava vivo!"

Na portaria do hospital, foi informada de que a criança estava no necrotério, em cima de uma mesa de mármore. Dirigiu-se para lá e encontrou dois bebês; só reconheceu o dela porque seu nome (o da mãe) estava bordado no lençol que o envolvia. A criança estava com algodão nas narinas e um esparadrapo sobre a boquinha. Dominada pela dor, pegou-a nos braços e apertou-a contra o peito; fixando-a no rosto, percebeu que um dos olhinhos estava semiaberto; chamou a atenção do marido para este fato. Ele disse-lhe que não a apertasse com tanta força, pois que isto seria a causa de o olhinho não estar fechado. Pediu que a entregasse a ele. Enquanto entregava a criança ao marido, dona Mirley passou a beijar-lhe o peitinho e teve a impressão de que respirava. Disse ao marido: "Fernando, o bebê está respirando!" A essa altura, a mãe já não cabia mais em si. Invadiam-na sentimentos de toda espécie: esperança de salvar o menino, receio de não ser possível diante de toda a situação... O marido saiu correndo com a criança que, de repente, começou a chorar. No corredor, encontrou a enfermeira encarregada que o encaminhou ao ambulatório. Chegando lá, diante da notícia fora do comum, apareceram quatro médicos. Chegou também o pediatra responsável pela criança. Todo alvoroçado, o pai foi comunicar-lhe que a criança estava viva. O médico, por sua vez, disse que tinha vindo para assinar o atestado de óbito.

Do ambulatório, o médico levou a criança, livre já do algodão nas narinas e do esparadrapo sobre a boquinha, ao berçário, mandou que lhe dessem banho e a levassem de volta à incubadora. Lá, mesmo estando a incubadora ligada, colocaram papel laminado, bolsa de água quente e uma lâmpada acesa. Ainda assim, a temperatura só voltou ao normal pela uma e meia da tarde. Até a meia-noite ainda ocorreram crises de apneia.

Foi chamado um especialista em prematuros, que cuidou da criança durante dois meses, tempo em que ela permaneceu na incubadora.

No dia 25 de março, o bebê teve alta. Enquanto que no necrotério media 39 cm e pesava 910 gramas, apresentava agora 43 cm de altura e peso de dois quilos e cento e dezesseis gramas.

Fisicamente a criança parecia normal, mas, diante de tudo que havia acontecido, ficava uma grande dúvida: o cérebro não teria sido afetado irreversivelmente? O especialista em prematuros pediu um exame neurológico e um eletroencefalograma. O exame foi feito em Curitiba, no dia em que a criança completaria nove meses de gestação, 11 de abril. Resultado: eletro normal; exame neurológico normal.

No dia 7 de agosto, o médico aconselhou uma tomografia computadorizada. Foi feita no dia 15. Normal também. Por se tratar de prematuro, o médico aconselhou a fisioterapia.

Outro especialista depois se encarregou de acompanhar a criança. Quando a mãe perguntou qual seria a explicação de todo esse caso, respondeu simplesmente: "Isto não tem explicação".

Explicação natural talvez não tenha mesmo. Mas, quando se sabe que a mãe, desde solteira, era devota de Nossa Senhora do Perpétuo Socorro e sempre a ela recorria, é-nos lícito acreditar que a santa intercedeu em seu favor, dando-lhe a alegria de ter um filho sadio, física e psicologicamente.

Notas:

[1] C. Henze, *o.c.*

[2] C. Henze, *o.c.*

[3] C. Henze, *o.c.*, p. 53.

Culto público a Nossa Senhora do Perpétuo Socorro

11

A Arquiconfraria

Já conhecemos a Pia União de N. Sra. do Perpétuo Socorro e de Sto. Afonso Maria de Ligório, fundada pelo Cardeal Patrizi, e, mais tarde, elevada à Arquiconfraria pelo Papa Pio IX, com direito a agregar outras associações do mesmo título e nome, tanto já existentes como a serem fundadas. Surgiram assim por toda parte as confrarias que, a seguir, se agregavam à Arquiconfraria sediada em Roma. Hoje são muitos milhões os associados dessas confrarias. Sua finalidade é o cultivo de uma devoção filial a Nossa Senhora, invocada com o belo título de "Mãe do Perpétuo Socorro", valendo-se para isso da poderosa intercessão de Sto. Afonso, insigne devoto da Santíssima Virgem e Fundador da Congregação do Santíssimo Redentor.

Por meio da Arquiconfraria e as confrarias a ela agregadas, estabeleceu-se um laço de união entre seus associados e os redentoristas, reunindo a todos numa grande família.

A Súplica Perpétua

Em 1787, o luxemburguês, Pe. Pedro Mergés, organizou, em Santiago do Chile, a "Súplica Perpétua". Consistia no seguinte:

diante do quadro de N. Sra. do Perpétuo Socorro, exposto na igreja, homens e mulheres sucediam-se em constantes orações, implorando o poderosíssimo auxílio da misericordiosa Mãe de Deus.

Como o essencial dessa prática era a sucessão ininterrupta de almas piedosas que iam rezar diante do quadro, compreende-se que, em nossos dias, em que muitos consideram um exagero até mesmo a participação na missa todo fim de semana, ela não pudesse manter-se.

A Novena Perpétua

Mais viável é a Novena Perpétua. Começou a 11 de julho de 1922, na igreja de Santo Afonso, em São Luís, nos Estados Unidos, mas somente em 1928 foi batizada com esse nome pelo Pe. Henrique Sutton. Deve mesmo sua origem ao Pe. André Browne, que se inspirou numa reza que a "Arquiconfraria", desde 1916, vinha fazendo a cada terceiro domingo do mês e que ele considerava insuficiente para satisfazer a devoção dos fiéis. Teve então a ideia de repetir esse mesmo piedoso exercício cada semana e escolheu para isso a quarta-feira como sendo o dia mais livre; seguiu um esquema muito parecido com o da "Arquiconfraria": leitura de pedidos e agradecimentos, colocados previamente sobre o altar, pregação, oração a N. Sra. do Perpétuo Socorro, rezada por todos, bênção dos doentes.

No princípio, o desenvolvimento da nova forma de devoção foi bastante lento. Mas, já em 1926, foi preciso repetir a novena; no começo de 1930 as novenas já eram seis ao dia; no fim do mesmo ano, dez; em breve seriam quinze, com uma frequência cada vez maior.

Fora de São Luís, o desenvolvimento da novena perpétua foi especialmente notável e mesmo extraordinário nos países de língua inglesa. Depois da Segunda Guerra Mundial, teve um sucesso sem precedentes no Extremo Oriente: Índia, Ceilão, Filipinas, Vietnã, como também na Austrália etc. Nas Filipinas tem acontecido que mais de cem mil pessoas participem da novena, cada semana, na igreja dos redentoristas.

A Novena Perpétua estendeu-se também largamente pela América do Sul, África e por toda parte.

Essencialmente consiste a novena perpétua numa função pública diante do quadro sagrado, frequentemente com meia hora de duração, repetida durante todo o ano num dia fixo da semana, para que todos possam começar sua novena na semana em que o desejem[1].

Há, portanto, bastante liberdade quanto ao dia da semana, à duração, às orações e ao conteúdo da pregação, tornando-se assim a novena perpétua excelente instrumento de evangelização.

Nas igrejas em que se faz a novena, sempre há muita procura de confissão e uma florescente vida eucarística. "Todo encontro com Maria é encontro com o mesmo Cristo", dizia Paulo VI.

Surpreendentemente, em lugares onde há não cristãos (budistas, hindus, pagãos em geral), também eles querem apresentar a Nossa Senhora seus pedidos e agradecimentos[2].

No Brasil, a Novena Perpétua é muito difundida nas igrejas que estão sob os cuidados dos redentoristas, mas também em muitas outras igrejas.

Merecem destaque alguns lugares onde são celebradas a Novena Perpétua a Nossa Senhora do Perpétuo Socorro, aos quais acorre um grande número de fiéis. Podemos destacar o Santuário de Nossa Senhora do Perpétuo Socorro, em Curitiba, PR, onde as novenas são celebradas todas as quartas-feiras, durante todo o dia, com mais de 30 mil participantes. Destaque também para o Santuário do Perpétuo Socorro, de Campo Grande-MS, com os seus muitos horários de novenas, ao qual afluem mais de 20 mil pessoas.

Na região Norte, podemos destacar o Santuário Nossa Senhora do Perpétuo Socorro, em Belém, PA, onde as Novenas Perpétuas são celebradas às terças-feiras e também atraem um grande número de pessoas. Ainda na região Norte podemos destacar as novenas que são celebradas na Paróquia Nossa Senhora Aparecida, em Manaus-AM.

Os Redentoristas da Província de Goiás, juntamente com a Novena do Divino Pai Eterno, costumam realizar a Novena a Nossa Senhora do Perpétuo Socorro diariamente com transmissão pela TV e pela internet. Os redentoristas das unidades de Fortaleza, Bahia e Recife também possuem igrejas e paróquias dedicadas a Nossa Senhora do Perpétuo Socorro, onde se realizam as novenas perpétuas.

Vale lembrar que aqui destacamos apenas alguns lugares onde os Missionários redentoristas atuam e onde é maior o fluxo de pessoas que participam das novenas a Nossa Senhora do Perpétuo Socorro.

Notas:

[1] Analecta, C.Ss.R.

[2] F. Ferrero, o.c.

12 Algumas curiosidades

Sem dúvida a história a respeito do ícone de Nossa Senhora do Perpétuo Socorro é cercada de muitos fatos, lendas e histórias de prodígios e milagres alcançados por intermédio da Mãe do Perpétuo Socorro. Mas relacionadas a Nossa Senhora do Perpétuo Socorro existem algumas outras curiosidades, que aqui vamos relatar.

Institutos e Congregações religiosas que cultivam devoção a Nossa Senhora do Perpétuo Socorro

Além dos Missionários Redentoristas, alguns outros Institutos e Congregações religiosas cultivam especial devoção à Mãe do Perpétuo Socorro. Podemos citar o Instituto das Filhas de Nossa Senhora do Perpétuo Socorro, Irmãs Oblatas do Santíssimo Redentor, Irmãs Mensageiras do Amor Divino, Irmãs Redentoristas, Irmãs da Copiosa Redenção, entre outros institutos. Em todos esses Institutos e Congregações de algum modo a devoção a Nossa Senhora do Perpétuo ocupa um lugar especial.

Nossa Senhora do Perpétuo Socorro e Santa Teresinha do menino Jesus

Entre os escritos de Santa Teresinha, que estão arquivados em Lisieux, está um pequeno poema, que a então jovem mestra de noviças, irmã Teresa de Jesus, escreveu para a noviça Maria da Trindade em seu retiro anual, no qual ela fala sobre a proteção materna da Mãe do Perpétuo Socorro, da qual a jovem noviça era profundamente devota.

A Nossa Senhora do Perpétuo Socorro

Mãe querida, desde minha tenra infância,
Tua doce imagem arrebatou meu coração;
Em teu olhar eu lia tua ternura
E junto a ti achei a felicidade.

Refrão: Virgem Maria, na pátria celeste,
Após o exílio, te verei sempre:
Mas, aqui, tua doce imagem
É meu Perpétuo Socorro!

Quando eu era boa e obediente,
Parecia que tu me sorrias;
E, se por vezes eu era meio má,
Pensava ver-te chorar sobre mim.

Ao ouvir minha ingênua prece,
Tu me mostravas teu amor materno;
Contemplando-te, encontrei sobre a terra
Um antegozo das delícias do céu.

Quando eu luto, ó minha Mãe querida,
No combate fortaleces meu coração;
Pois, tu sabes, na tarde desta vida
Eu quero oferecer padres ao Senhor!

Sempre, sempre, ó imagem de minha Mãe,
Serás, sim, minha felicidade, meu tesouro.

Quero que, em minha última hora,
Meu olhar ainda se fixe em ti.

Último refrão: Depois, voando à pátria celeste,
Sentar-me-ei, Mãe, sobre teus joelhos.
Poderei então, sem partilhar,
Receber teus beijos tão doces!

Lembrança de um retiro abençoado – março de 1897
(Teresa do Menino Jesus a sua pequena Irmã)

A cidade de Socorro, SP

A cidade de Socorro, localizada na região Bragantina do estado de São Paulo, próxima à divisa com Minas Gerais, recebeu esse nome devido a um fato curioso. A primeira capela do então povoado, inaugurada em 1829, foi dedicada a Nossa Senhora do Socorro. Depois, já no início do século XX, com a inauguração da nova igreja, a Padroeira foi trocada por Nossa Senhora do Perpétuo Socorro; assim passou a se chamar paróquia de Nossa Senhora do Perpétuo Socorro. A cidade ficou com o nome de Socorro, em homenagem à Padroeira.

Nossa Senhora do Perpétuo Socorro:
Padroeira do Haiti

Em 1881, o Haiti, que é um país localizado na América Central, nas ilhas do Caribe, foi assolado por uma epidemia de varíola, que dizimou grande parte da população, principalmente da capital Porto Príncipe. Uma senhora, moradora da capital, havia trazido de uma viagem que fizera a França, algum tempo antes, um quadro de Nossa senhora do Perpétuo Socorro, uma devoção até então desconhecida naquele país.

O pároco da catedral de Porto Príncipe teve a ideia de pegar o quadro de Nossa Senhora do Perpétuo e levá-lo até a colina mais alta da cidade, de forma solene, e de lá suplicar que a Nossa Senhora tivesse piedade da cidade e acabasse com a epidemia. Assim fez o Bispo de Porto Príncipe, que conduziu o quadro solenemente até a parte mais alta da capital e de lá traçou o sinal da cruz, com o quadro sobre a cidade. Milagrosamente, passados alguns dias, a epidemia começou a retroceder e em semanas cessou-se.

O fim da epidemia foi visto por todos como uma graça alcançada por intermédio da Mãe do Perpétuo Socorro. A partir desse fato a devoção ao Perpétuo Socorro só aumentou no país e, em 1942, a Virgem Maria, sob o título de Perpétuo Socorro, foi declarada Padroeira do país.

Santuário Nacional de Nossa Senhora do Perpétuo Socorro, de Baclaran em Manila, nas Filipinas

Na capital das Filipinas na região do Baclaran, está localizado o Santuário Nacional de Nossa Senhora do Perpétuo Socorro, uma imponente igreja, a maior das Filipinas. Este Santuário está sob os cuidados dos Missionários redentoristas das Filipinas desde sua criação. Desde 1948, ali se celebram todas as quartas-feiras novenas perpétuas, que têm a participação de mais de 100 mil pessoas. Outra curiosidade sobre este Santuário é que esta igreja fica aberta 24 horas por dia, sempre com serviços de acolhimento e atendimento a quem chegar.

Devoção Mariana mais internacionalizada no mundo

A devoção a Nossa Senhora do Perpétuo Socorro, conforme afirmaram diversos conhecedores da área, firmou-se como a devoção Mariana mais internacionalizada existente atualmente. Em todas as partes do mundo encontram-se devotos de Nossa Senhora, sob este título. Grande parte da expansão dessa devoção deve-se aos Missionários Redentoristas, que em todos os lugares onde atuam levam consigo a devoção ao Perpétuo Socorro.

Bibliografia

BEINERT, Wolfgang. *O culto de Maria hoje.*

BIBER, Max. *Eine Marienlegende, Kanisiusverlag Konstanz/See.* Friburgo/Suíça.

CAVA, Ralph Della. *Milagre em Joazeiro.* Editora Paz e Terra, Rio de Janeiro, 1977.

Constituições e Estatutos da Congregação do Santíssimo Redentor, 1986.

C.Ss.R. Communicationes, Número 113, março de 1995.

Documentos do Concílio Ecumênico Vaticano II.

FERRERO, Fabriciano. *Nuestra Señora del Perpetuo Socorro.* Madri, Editorial Perpétuo Socorro, 1966.

HENZE, Clemens M. *Ausfuehrliche Geschichte des Muttergottesbildes von der immerwaehrenden Hilfe.* Roma – Hagenau, 1939.

KUENG, Hans. *Ser cristão.*

MEERSCHAUT. *De imaginibusBMV de Perpetuo Succursu.*

MIGNE, PG 77, 992.

TUECHLE, Bihlmeyer. *História da Igreja.* Pia Sociedade de São Paulo, São Paulo, 1964.

Índice

Introdução 5

1. Deus e o ser humano 7

2. O culto de Nossa Senhora e dos Santos 11

3. O socorro de Maria e iconografia 15

4. O quadro de Nossa Senhora do Perpétuo Socorro 19

5. A Madonna di San Matteo 27

6. De volta ao Esquilino 37

7. Significado do quadro 45

8. Uma nova devoção? 53

9. Difusão da devoção a Nossa Senhora do Perpétuo Socorro 59

10. Devotos ilustres de Nossa Senhora do Perpétuo Socorro 67

11. Culto público a Nossa Senhora do Perpétuo Socorro 75

12. Algumas curiosidades 79

Bibliografia 85

Este livro foi composto com as famílias tipográficas Bree e Calibri
e impresso em papel Offset 75g/m² pela **Gráfica Santuário.**